小林よしのり編

日本を貶めた10人
売国政治

JN264742

GS
幻冬舎新書
130

日本を貶めた10人の売国政治家／目次

第1部 座談会 売国政治家と呼ばれる恥を知れ 35

長谷川三千子／高森明勅／富岡幸一郎／勝谷誠彦／小林よしのり

第2部 10人の売国政治家を検証する！ 101

序論

売国政治家とは何か?

小林よしのり

本来は形容矛盾するはずの「売国」と「政治家」

「売国」とは何か？

手近な辞書では、こう説明している。

「自国の内情・秘密を敵国に通じ、または自国に不利で敵国の利益になることを企てて私利をはかること。」

「私利のために自国の不利益になることをすること。」


では、日本人が国を売るという場合、相手国はどこだろう？

どうやら、中国か韓国か北朝鮮かロシアなどの周辺国と、太平洋を挟んでかつて戦争したアメリカに限られるようだ。

領土・領海を接し、過去の戦争の遺恨《いこん》があり、そして現在、日本の安全を脅かす危険性がある国々。例えば中国とは尖閣《せんかく》諸島や日中中間線でのガス田開発の問題、韓国とは竹島問題、北朝鮮とは拉致《らち》問題、ロシアとは北方領土の問題が未解決のままである。

さらに中国とロシアは日本に核ミサイルを向けており、今や北朝鮮も核武装確実という切迫した情勢であるにもかかわらず、これらの国々を未だに潜在的な敵国と認識できない政治家を

「売国政治家」と規定することができる。

それでは、「政治家」とは何か？

広義においては政治に携わる人、政治を志す人全てを「政治家」と呼ぶが、この本では、原則として、ごく単純に「国会議員」に限定した。

政治家（国会議員）の使命とは、言うまでもなく自国の利益（国益）を守ることなのだから、「売国政治家」とは「無神論の神父」か「高所恐怖症の鳶職《とびしょく》」みたいなもの。自己矛盾そのものので、本来ありえないはずのものだ。

ところが、こと日本においては「売国政治家」の実例に事欠かない。あまりに多いので、いっそランク付けして品評会をやることにした。まあ、そんな国は世界中見渡してみても日本以外にはないだろう。

そもそもナショナリズムを持たない政治家などあり得ない。ナショナリズムと言えば、排外的で好戦的なものと勘違いされているが、「国民主義」としてのナショナリズム、「国」の安寧と繁栄を望む強い意志、それがない政治家は「売国政治家」と認定するしかない。

いま激烈な言葉を投げつけなければならない理由

「売国」「売国政治家」「売国奴」「国賊」「反日」などの言葉は激烈なものがある。この言葉で政治家を名指しすることは、右翼的という印象を受けるかもしれない。だが今や右翼といえども、むやみに肉体言語を発して政治家を襲撃するようなことはなくなった。

右翼の源流とされる玄洋社の来島恒喜《くるしまつねき》が、明治22（1889）年に外相・大隈重信に爆弾を投げつけ、大隈が推進しようとしていた不平等条約の強化になる条約改正を阻止したような、劇的な効果が上げられる時代じゃなくなったからだ。

もはや最近の政治家にとっては、テレビや新聞、あるいはそれに感化される大衆によって形成される「世論」しか恐いものはなくなっている。政治家はマスコミが調査する恣意《しい》的な支持率に一喜一憂する。支持率の上がる政策を掲げ、支持率の取れない政策は無視する。本来、国益のために必要な政策であっても、支持率欲しさに後回しになる。

だがマスコミや大衆が国益を損ずる「売国政治家」を発見し、批判する力があるかどうかは極めて怪しい。

「構造改革」「痛みに堪えて米百俵」と小泉純一郎が絶叫し、新自由主義的な弱肉強食の経済政策に突入すれば、マスコミは一斉にこれに反対する議員を抵抗勢力と叩き、会社組織を売買するM&Aを当然の流れだとして、ホリエモン的な株主資本主義を礼賛した。

片や大衆は、主婦や子供までが株に熱中している姿がニュースで流されるようにまでなってしまう有り様だった。小学生が読む学習雑誌で株投資が特集されていたのだから、あきれたものだ。

その結果として、「中間層の消滅」「格差拡大」「金融崩壊」「大不況」「派遣切り」という絶大な効果が現出すれば、今度は雇用をなんとかしろ、老後が不安だ、生活第一にしろとマスコミ大衆は悲鳴を上げる。構造改革の負の効果を肌身で知ってやっと小泉の正体がわかったのか？

ところが未だにマスコミが行う政治家の人気投票では、小泉が首位になったりするのだから、大衆ほど信じられないものはない。虚無感に襲われるほどだ。それほどまでに世論というものはあてにならない。

では戦前のマスコミ大衆の世論はどうだったか？

例えば、帝国憲法の下で普通選挙が実施されていたが、「憲政の神様」とまで言われ、世論では圧倒的に人気があった犬養毅が、政局を優先させて「統帥権干犯《とうすいけんかんぱん》」を与党攻撃の政争の具に使った事件があった。

これをきっかけに軍部は「統帥権」を武器にすることを覚えて、いわゆる「暴走」を始めた。犬養は五・一五事件で青年将校に暗殺され、これで戦前の政党内閣は終焉してしまうが、そのときの世論は青年将校の助命嘆願に傾き、圧倒的に軍部を支持、誰も政党内閣の復活など望まなかったのだ。

戦前も戦後もマスコミ大衆の「世論」がまともであった例はない。

政治家にとって恐いものが、そんな危うい「世論」だけという始末では、日本の行く末は暗《あん》澹《たん》たるものであると言うしかない。政治家を指弾する者はマスコミ大衆以外にはいないのか？

その役を引き受けようと名乗りを上げてくれた面々が本書の有志である。決して選良《せんりょう》意識で言っているのではない。ただマスコミ世論には迎合しない覚悟がある面々ということだ。

確認しておくが、左翼は「売国」という言葉を使うはずがない。国家というものを否定しているのだから、国を売るという感覚すらわかるはずもない。外交は謝罪から、謝罪と賠償さえ永遠に繰り返せば、相手国は日本に優しく接してくれるはずと信じているようなので、そういう「純粋まっすぐ君」は相手にしてもしょうがないだろう。

したがって本書では、「国家意識」を持つ言論人に参加していただいた。国家を悪と捉え、国家なき世界を夢見る方々には遠慮してもらった。今後１００年や２００年で国家が消滅することはあり得ない。国家は国益を追求するものであること、外交と言っても、話し合いだけで国益が守れるものでもないことを理解している言論人しか信頼はできない。

諸外国に揉み手する偽善者たち

さて、日本を仮想敵国とする諸外国に揉み手で擦り寄るようなニセモノの「友好」を示す政治家たちは、社民党や共産党だけではない。公明党はもちろん、民主党にも、なんと自民党にもいる。

そのような政治家は、日本はかつて中国・韓国・アジアを侵略したという贖罪《しょくざい》意識からそれらの国々の言いなりになる。彼らは、中国・韓国の言う「日本の戦争責任」なるものの多くが過大に誇張され、全く事実無根の「戦争犯罪」まで数多く捏造《ねつぞう》されていることも、そもそも国際条約上は、すでに決着がついているということも、わかっていない。過去の戦争を日本人の原罪とする信仰に嵌《はま》っていて、ひたすら謝罪し、賠償し続け、外交上中国の要求は最大限聞き入れることが善行だと思い込んでいる。

こんなのは、傍《はた》から見れば「当たり屋」に引っかかっている単なる馬鹿である。だがこれを国会議員が外交でやっていたのでは「単なる馬鹿」では済まされない。自国の名誉を不当に毀《き》損《そん》し、中国・韓国の国益に資する売国行為の推進者に他ならないのだから。

日本悪玉史観の強烈な信奉者たち、「村山談話」という萎縮《いしゅく》思想で日本人を呪縛した村山富市や、中・韓の国益に資する行為を一貫してとり続けた河野洋平、加藤紘一はこの手の始末に悪い「純粋まっすぐ君」である。ようするに偽善者なのだ。

オウム真理教の信者を、わしはかつて「純粋まっすぐ君」と名付けた。彼らは善行と信じ込んで悪行をなす。60年代末から70年代初めにかけて、暴力革命の夢を見てハイジャックやら爆破テロを繰り返し、挙句《あげく》の果てに仲間同士でリンチ殺人事件を起こした連合赤軍ら極左集団も「純粋まっすぐ君」だった。

本人にとっての動機が善意か否かなどはこの際関係ない。その行為がもたらした結果のみが判断材料である。特に政治家の場合は！

ところで加藤紘一は平成18年、自宅を右翼に焼かれたが、その後『テロルの真犯人』なる著書を刊行。家を焼いた右翼活動家もまた「この時代が生んだ犠牲者」であり、放火テロを起こした「真犯人」は「過度にナショナリズムを沸き立たせようとする最近の風潮や政治的な流れ」だと主張し、その一翼を担っているのが小林よしのりの『ゴーマニズム宣言』だと名指ししていた。

ようするに右翼活動家を犠牲者と侮辱して、放火の「真犯人」はわしだと示唆《しさ》しているのである。

中国・韓国・北朝鮮に対しては純粋まっすぐな善意（わしからすれば偽善だが）を向けるのに、自国民の特定個人に対してここまで陰険な悪意を向けてくるとは、どういう了見であろうか。国家権力者にここまで恐れられるのは漫画家として名誉ではあるが。

純粋まっすぐな偽善者は、日中は友好的でなければならないという信念に基いて活動しているつもりだろう。

ところが前述したとおり、現実には中国は835基もの核弾頭ミサイルを持ち（『平成20年度防衛白書』）、その多くを日本に向けている。その上で尖閣諸島を狙っているのであり、日中中間線のガス田開発は一方的に進めているのであり、政治家の靖國参拝や教科書の内容にまで干渉してくるのであり、潜水艦は石垣島のすぐそば、日本の海域を無断で通過するのであり、空母を作って太平洋を制覇する野望を逞しくしている。

こんな相手にただ「友好」だの「平和」だのを説いて、何になるというのだろうか？

国家と国家は国境をめぐり、海域をめぐり、衝突する。互いに自国のエゴを主張して、武力で威嚇《いかく》しながらでも国益を追求するものである。

ところが日本では、福田康夫のように理念も目的もない政治家が首相になって、「人の嫌がることはしない」などという小学生並みのことを言って、中・韓に媚《こ》びへつらう外交をする有り様だ。

小泉純一郎3つの大罪①――靖國首相参拝リスク固定化

ところで、福田康夫の「人の嫌がることはしない」という発言は、首相に就任したら靖國神社を参拝するかという質問に対するもので、もちろん小泉純一郎元首相の靖國参拝を念頭に置いたものであった。

ところが、中・韓が嫌がることを承知で靖國参拝を強行した小泉にしても、首相退任が決まった最後の一回しか8月15日には参拝できず、それ以外はそこそこ日にちをずらして逃げ回りながら参拝していたため、やはり日本の首相は8月15日の靖國参拝はリスクが大きいという前例を固めてしまった。それ以後、安倍晋三、福田康夫、麻生太郎、だれも堂々たる靖國参拝をしていない。

靖國参拝は国防に殉じる者たちへの敬意があるか否かの試金石である。参拝しない政治家は、国のために死ぬやつは勝手に死ねとしか思っていないのだろう。本来は政治家自身が国のために死ぬ覚悟でいてくれなくては困るのだが。

小泉は少なくとも靖國参拝をしたいという意思はあった。そこは評価しよう。だが一方で小泉は、靖國に祭られている英霊が守ろうとした「クニ・郷土・パトリ」を破壊した。愛国心の根源はパトリオティズム（愛郷心）であるという真理を見逃してはならない。

小泉は日本的能力の源泉である地域共同体や会社組織の破壊を推し進めた。組織に頼らず

「自己責任」で個人の能力を高めろと終身雇用制を破壊した。需要側が悪いのではない、供給側が悪いのだ。組織に安住せず、個人で自由に働いて、どんどん起業せよ。新たな供給を創出せよ。痛みは一時期で、やがて新たな供給側に雇用は吸収される。そのために規制緩和だというのが構造改革だった。

小泉は日本をアメリカ型の個人主義（拝金主義）の国に作り変えようとした。だが個人主義（拝金主義）なら、アメリカ人や中国人に絶対に敵《かな》わない！　ＷＢＣの侍ジャパンが日本的であったのは、組織の機動力で大リーグの個人主義野球を打ち破った点である。

日本人は誰もホリエモンのように自己責任に徹した拝金主義にはなれない。アメリカ人や中国人の拝金主義には、企業への忠誠や、誠実や、勤勉や、謙譲の精神や、美徳といった日本人的な特質をすべて消滅させなければ、勝てるものではない。それはもはや日本人の体質を根こそぎ変えてしまわねばならないほどの革命である。日本精神の構造改革なのだ。

小泉・竹中の個人主義路線は、靖國神社に祭られている英霊の、愛国心の源泉であった郷土・共同体・組織を破壊し、そのポピュリズムに徹した政治手法は、首相公選制から共和制への憧れも招きかねない易姓《えきせい》革命の思想を内包していた。それは天皇と国民の親和によって成り立つ日本の「国体」をすら破壊しかねない危険思想なのだ。

靖國神社の参拝客が増えたからと言って、手放しで喜んでいられるほど、わしの愛国心はゆるくない。

小泉純一郎3つの大罪②——大義なきイラク侵略

さらに言えば、小泉はブッシュの大義なきイラク侵略に前のめりに加担して、国連でも他国にアメリカの侵略戦争への加担を説得して回ったが、その結果はどうなった？

もちろん戦争の大義だった大量破壊兵器は発見されず、中東の民主化ドミノ倒しなど全く起こらず、逆に捕虜虐待で反米感情を高め、イラクの安定のために米軍を釘付けにされて多大な戦費を浪費し、アフガニスタンもパキスタンもタリバンとアルカイダの跋扈《ばっこ》で治安は悪化する一方、国際社会の評判を落とし、米国内でも反省気分の蔓延で、ブッシュは史上最低の大統領という汚名を着せられ、政権は共和党から民主党に移り、もはやアメリカの覇権は失墜《しっつい》してしまった。

その結果、アメリカは6ヵ国協議を中国に丸投げ、その上北朝鮮と妥協し、拉致家族を裏切ってテロ支援国家の指定を解除し、金正日を図に乗らせ、核ミサイルの開発を容認して、日本の安全保障は根幹から崩壊する危機に陥っている。

この結果を、小泉を支持した日本国内の親米ポチ保守派はどう総括するのか？　未だ反省の弁なく、今や自主防衛論者に転向しているようだが、それはわしが前から主張していた考えではないか。

もちろん自主防衛は単独防衛ではなく、あくまでも他国の突然の侵略に対して、いざとなれば一国でも防衛できる盾と矛、両面備えた正常な軍隊を作り、日本が道義外交を展開できるようにせよというのがわしのアフガン・イラク戦争以前からの変わらぬ主張である。

小泉純一郎3つの大罪③――憲法改正気運の後退

さらに駄目押ししておくが、このたびのイラク戦争で、日本がアメリカ追従《ついじゅう》のポチ色を鮮明にしたため、国内での憲法改正の気運が衰えてしまった。九条を改正したら、アメリカに追従して日本は侵略戦争に巻き込まれるという不安に怯《おび》える、引《ひ》き籠《こも》り志願の国民を圧倒的に増やしてしまったのだ。

さらに構造改革の結果としての格差拡大、雇用不安で、将来不安が高まって国家意識が急速に減退している。憲法改正では票が取れぬ、生活第一でいくしかないと政治家も目先の議論しかしない有り様である。

こうしている間にも、北朝鮮は日本全土を射程に入れるノドンミサイル搭載用の、小型核の開発を急いでいるのにだ。今日、明日の国民の生活は守れても、将来の被爆と大量死は免れない。それでいいのか？

小泉政権は結果として、日本の内外にかつてない重大な危機を置き去りにしただけなのだとわしは判定している。破壊はしたが、創造はしなかったのだ。

台湾に見る、ナショナリズムなき国の失敗

さて、反戦平和主義者は、戦争によらず、外交で平和的に決着をつければいいと言う。だが、外交は国と国との国益の追求なのだから、一方が外交で著しく国益を損ねる場合だってある。いやそれどころか、外交による経済的侵略を受けて、国を失うことだってあり得るということを、我々は現在の台湾の例に学ばなければならない。

説明しよう。

かつて中国は台湾を軍事力で威嚇して独立を阻止し、中台統一を進めようとした。１９９６年の台湾総統選の際は、軍事演習で基隆沖海域にミサイルを撃ち込むなどの威嚇《いかく》行為を行ったが、結果は完全に逆効果で、台湾人の反発を買って、台湾独立派である李登輝《りとうき》氏の圧勝をもたらした。

中国はそれ以降方針を転換。軍事力でなく、外交で台湾を中国に吸収する道を選んだ。

中国は、李登輝氏の後を継いだ陳水扁《ちんすいへん》政権に対して、経済交流を徹底的に推し進めた。陳政権は経済の誘惑に全く抗することができず、通航・通商・通信のいわゆる「三通」などの面で

次々に中国の要求を受け入れ、この流れが現在の馬英九《まえいきゅう》政権では、さらに加速化されている。台湾は、「台湾人アイデンティティー」を「台湾ナショナリズム」に上昇させることに失敗した。自らを台湾人と彼らが認識しても、これを「国民」意識にまで高めなければ無意味である。中華民族の一員という扱いにされるだけだ。ナショナリズムに覚醒しない民は、強大な国に呑み込まれてしまう運命を辿る。

中国は武力を背景にしつつもそれを前面には出さず、経済という外交戦略で着々と台湾の香港化を狙い、そして中台統一に向け、穏当な侵略を推し進めている。国際社会がこれに異を唱えることは難しい。台湾人自身がナショナリズムに目覚めないまま現状維持を志向すれば、それは中国の思惑を満足させる結果にしかならないだろう。

昔、『家なき子』というドラマで「同情するなら金をくれ！」というセリフが流行《はや》った。「同情」という志なんか金に換えた方がマシだと子供に言わせて反響を呼んだのだが、これと同じように「自主独立」という国家としての志なんか金に換えた方がマシだと政治家や財界や国民が思い、「侵略したけりゃ金をくれ！」と言い出すのなら、台湾のようにこの日本も、あっさり中国に統一されてしまうだろう。

守るべき国益を「金」以外に見出すことが出来ない売国政治家が政権を握れば、日本も外交によって、アメリカや中国に統一されてしまう、文字通り国を金で売ってしまう危険があることを自覚しなければならない。

「経済の利益がなにより大事」という打算的売国

実際に、名誉よりも経済的利益の方が大事な国益だという政治家は日本にも多い。彼らは中国に対して「戦略的互恵関係」なるものを提唱する。わしはそういうのは単なる「打算主義」としか思わないのだが、同様の意見を言う学者、評論家は実に多い。

彼らは「歴史認識」を議題にすることを嫌う。日本が過去の戦争の正当性を唱えれば、中国も、韓国も態度を硬化するし、アメリカだって不快感を示し、日米同盟にヒビが入るぞと脅しをかける。

過去の日本は悪でいいではないか、それさえ認めておけば、中国とも韓国ともアメリカとも、戦略的互恵関係でうまくいくのだからというのだ。「歴史認識」なんか持ち出したら国益を損なうという。だから靖國参拝などしない方が賢明だと。

しかしながら、この考えはあらゆる面で間違っている。はっきり言って、これこそが売国思想と言ってもいい。

韓国は日本に併合された屈辱があり、しかも日本と戦わずアメリカに解放してもらった国。北朝鮮は少しゲリラ戦をしたが大負けに負けてソ連の傀儡《かいらい》にしてもらった国。中国はほとんど日本軍とは戦わなかった中国共産党が戦後、実際に戦っていた国民党を追い出して建国した国である。

「これらは日本に戦勝したという偽史なしには国民の物語が作れない国々であり、これからも絶えず日本と戦っていると国民にアピールするために、日本の主権をおかし、侵略をしつづけることであろう」と筑波大学大学院教授の古田博司氏は喝破《かっぱ》している（産経新聞2009・5・8）。

アメリカも、これと似たり寄ったりである。アメリカは白人がインディアンの土地を侵略して作った国。「唯一の良いインディアンは死んだインディアンだ」を合言葉に殺戮《さつりく》し尽くし、それが完了すると海を渡って「唯一の良いフィリピン人は死んだ奴だ」を合言葉に殺戮を繰返してフィリピンを植民地にし、アジアでただ一国ライバルとなった日本を徹底的に敵視し、資源の乏しい日本を禁輸で締め上げ、一年以内に重要産業が麻痺状態に陥る国家存亡の危機にまで追い込んで戦争を起こさせ、開戦後は「唯一の良いジャップは死んだジャップ」を合言葉に一般市民をも殺戮し、原爆まで投下した国だ。

アメリカは「過去の日本は悪の帝国だった」という偽史を基に、その日本に勝ったことを誇りにして国民の歴史を成立させている。

少しでもインディアン殺戮に疚《やま》しさを感じたり、過去の日本人の美意識に価値を見出したりする歴史観など受け入れられないことは自明である。

中国も、韓国も、北朝鮮も、そしてアメリカも、それぞれ自国内の都合で過去の日本を悪とする歴史観を必要としているのである。日本側が譲歩しようがしまいが、反日ナショナリズムが消えることはない。

韓国は北朝鮮を警戒はしているものの、同じ民族なので敵にはしたくない。韓国の仮想敵国は日本である。今も竹島という日本領土を不法占拠している。北朝鮮も核を落とすなら同民族の韓国ではなく、日本だろう。米軍基地もあることだし、一石二鳥というものだ。

中国は、かつて侵略してきた日本軍と戦ったという神話をナショナリズムの核として、チベット・ウイグル・台湾を含む中華民族国家を造る野望に邁進《まいしん》している。当然、日本が仮想敵国である。

アメリカは日本を屈服させた今となっては、日本を仮想敵国というよりは、永久にその力を封じ込めて、中国に対する盾として利用できる属国化を願っている。

そもそも国際連合憲章の条文では、戦後60年以上も経っているのに、未だに日本は「敵国条項」に加えられている。第二次大戦の戦勝国で仕切られているのが国連であり、たかが北朝鮮に対する非難決議ひとつすら、常任理事国のロシアと中国の反対によって阻まれる始末。外交手段で国際社会に平和が訪れることなどないというのが、常に繰り返される馬鹿馬鹿しい現実だ。

どの国を見たって日本人が言うような「友好」も「戦略的互恵関係」も本気で考えてなどいない。自国の利益だけ！　「互恵」もない。自国の利益のために、いかに日本を利用するかということしか考えていない。それを憤っても仕方がない。国際社会では、それが当たり前なのだ。

日本も当然、徹底して自己利益を中心に、いかに中国、韓国、北朝鮮、アメリカを利用するかを考えなければならない。

そうでなければ、「友好」や「戦略的互恵関係」の美名の下に、ただ日本を各国に利用させ続けるだけである。そういう行為を「売国」というのだ。

売国政治家を大量発生させる「東京裁判史観」

どの国も徹底的な国家エゴで動いているのが国際社会の常識なのに、日本の政治家だけが、純粋まっすぐに「友好」を唱えていれば円満な外交ができると信じている。なぜそんな馬鹿げたことを信じられるのかといえば、日本が世界中でもっとも極悪非道な国だと信じている例の贖罪意識のせいなのだ。

中国がどれだけ核ミサイルを保有していても、決してそれを悪用することはない。しかし日本は危ない。日本が一発でも核を持てばたちまち周辺諸国を侵略し、多大の被害を及ぼすに違いないと、彼らは信じている。

だからこそ、他国がどんなに軍備を増強していようが、日本だけは「憲法九条」のお題目を唱え、私は危険な者ではありません、信用してくださいと土下座して擦り寄っていれば、平和な外交ができると信じているのだ。

何しろ世界の全ての国は日本国憲法の前文に書いてあるとおり、信頼に足る公正と信義を備えた「平和を愛する諸国民」によって成り立っており、信頼できない国はただ一国、日本だけなのだから。

なぜこんな異常なことを信じられるのかと言うと、もうおわかりだろう。

「日本はかつて極悪非道な侵略戦争をした」という偽史、すなわち「東京裁判史観」を信じているからである。

「歴史認識など持ち出せば国益を損なう」などという意見が完全に誤りであることは言うまでもない。憲法九条という無防備国家信仰は、軍隊は暴走するという誤った歴史認識と不可分なのだ。歴史認識は現在の日本の外交戦略にも、防衛力にも、憲法に対する意識にも繋《つな》がっている！

日本を主体とする歴史認識を喪失していることこそが、国益を損ない続ける「売国政治家」を大量発生させている元凶に他ならない。

この書を通して、「売国」とは何かを考えてくれる国民が一人でも多く現れ、政治家を評価する基準の一端でも読者に提供できることを願う。

発表！

これが売国政治家ワースト10人だ！

1位　河野洋平　52点
2位　村山富市　45点
3位　小泉純一郎　36点
4位　小沢一郎　29点
5位　中曽根康弘　22点

6位　野中広務　16点
7位　竹中平蔵　12点
8位　福田康夫　11点
9位　森喜朗　10点
9位　加藤紘一　10点

10位以下

土井たか子9点　安倍晋三5点　松沢成文5点　麻生太郎5点　綿貫民輔4点　鳩山由紀夫3点　橋下徹3点　田中眞紀子3点　中川秀直3点　菅義偉3点　細川護熙2点　福島みずほ2点　田中康夫2点　甘利明2点　渡辺喜美1点　山本有二1点　山崎拓1点　辻元清美1点　小宮山洋子1点　太田昭宏1点

この結果は、以下の方々に「存命中の政治家（現役議員か、引退後かは問わず）の中で、売国的であると思われる人物を5名、売国奴度数が高い順に挙げてください」とアンケートし、回答の1位2位から5位まで順に5点4点…1点と点数を振って集計したものである。

協力してくださった方々の回答自体は、225ページからの「私が断罪する売国政治家」をご覧になってください。

副島隆彦、大原康男、田久保忠衛、堀辺正史、西尾幹二、関岡英之、潮匡人、小谷野敦、勝谷誠彦、木村三浩、宮城能彦、長谷川三千子、高森明勅、宮台真司、高山正之、小林よしのり、八木秀次、富岡幸一郎、業田良家、西村幸祐（以上、アンケート到着順）

第1部

座談会

売国政治家と呼ばれる恥を知れ

長谷川三千子／高森明勅／富岡幸一郎／勝谷誠彦／小林よしのり

「河野談話」「村山談話」の最悪

小林　今の政治家は、マスコミが操作する世論や支持率だけを恐れて、保守論壇どころか右翼団体さえ恐れていないような気がするんですよ。だから世論次第で政治の形がコロコロ変わるし、政治家の評価もイメージだけで決まってしまう。そういう流れを断ち切るには、批評の言葉がある種の凶器にもなり得ることを見せつけなければいけない。そこでこの座談会では「売国」をキーワードにして、今の政治家について語り合いたいと思います。「売国奴」と呼ばれることを政治家が心底から恐れるような言葉を、われわれは発信すべきだと思うんですよ。

長谷川　私は今回、「売国」という言葉にしびれて参加させていただきました。「反日」はもう聞き飽きましたが、「売国」には新鮮なインパクトがありますね。あ、こんな言葉があったんだ、という。

小林　座談会に先立って集計した「売国政治家ランキング」は、今年二月発売の『わしズム』最終号（小学館）で同じ企画をやったときより投票者数を増やしたけど、上位の順位はほとんど変わらなかったね。一位は今回も河野洋平。それほどの大権力者ではないんだけど。

高森　総理になれなかった自民党総裁が、歴代総理を押しのけてトップですか。

勝谷　満遍《まんべん》なく小さな票を集めてるんじゃないですか。

小林 ここにいるメンバーも、みんな五番目までには入れているんだよ。全体を見ると、一番に挙げた人は一人しかいないけど、二番に挙げた人が七人。日本罪悪史観に心底から冒されているのがあまりにも明白だから、みんな嫌悪感を持ってしまうのかな。

勝谷 何かにつけてマスコミが河野に話を聞きに行くせいもあるでしょう。必ず期待どおりの嫌なコメントをもらえるから、メディアへの登場回数が多い。

高森 彼の場合、細かい罪状を挙げればキリがありませんが、一番の目玉はやはり「河野談話」でしょうね。何の証拠もないまま、慰安婦の強制連行を認めてしまった。これはダメな戦後政治家の典型例で、「ここで頭を下げておけば一件落着」という壮大な錯覚の下に、嘘でも謝罪してしまったわけです。しかし結果的には、それが慰安婦問題をエンドレスにした。しかも中韓だけに止《とど》まらず、アメリカやカナダやEUでも決議されるという形で、国際的にも拡散したんです。売国政治家の名に恥じない業績ですね。

小林 二位の村山富市も「村山談話」があるから、選ばれる理由はわかりやすい。

高森 あのときは、阪神・淡路大震災もありました。なぜ六五〇〇人もの国民が命を落とさなければならなかったかといえば、村山内閣が機能不全だったからですよ。「朝が早かった」とか「初めての出来事なので」などとバカ丸出しの弁解をしていましたが、その背景には戦後政治を大きく規制した社会党的な体質があった。平時のことしか考えない彼らには、非常時への対応は平時に用意しておかなければ間に合わないという、政治家の常識が欠落していたんです。これは、自衛隊敵視とコインの表裏のようなもの。もっと迅速に自衛隊を派遣するなど、対応次第では五〇〇〇人の命を救えたとも言われています。

富岡　衆議院での謝罪決議も含めて、日本の歴史に決定的なマイナスを作った自社連合政権は、戦後政治の大きな問題ですよ。

高森　五五年体制の馴れ合いの中で対立してきた両党が、本音を露わにして権力のために野合した。そこで戦後的な悪が全開になったわけですね。だから村山は、筋金入りの社会党支持者の評価も低いんじゃないですか。自衛隊も日米安保も丸呑みして「社会党の魂を売り渡した」と。

富岡　たしかに当時は「旧社会党的なイデオロギーの解体」とも言われましたが、実は自民党の保守本流パワーが完全になくなり、むしろ社会党的なものが深まったのが、あの自社連合だと思います。

「靖国」で中国の反日ナショナリズムに火をつけた中曽根

高森　村山談話は東京裁判史観のダイジェストみたいなものでしたが、その先駆けとなる発言をしたのが、実は五位の中曽根康弘なんですよね。たとえば大平正芳は、戦犯や大東亜戦争の評価について問われたとき、「これは歴史が審判を下すことで、私がどうこう言うことではない」とはねつけました。しかし中曽根は、現職の総理としては初めて侵略戦争を認めた。一方で格好いい台詞《せりふ》を吐きながら、一番大事なところで一番ダメなことをやった首相が中曽根だと思います。

「総理が靖国神社を参拝しなければ誰が国のために命を捧げるんだ」と啖呵《たんか》を切りながら、一瞬にしてへこたれたのも彼ですよね。昭和五九年は正月、四月の春の大祭、八月一五日、一〇月の秋の大祭と四回参拝し、翌年の八月一五日に「初めての公式参拝だ」と大見得を切ってやったのはいいんですが、そこで初めて中国の外圧に直面し、一発で屈してしまった。これはあまり世間で知られていないんですが、戦後に独立を回復してから、ずっと総理大臣は参拝していたんですよ。それも別に私的参拝などと断っていません。昭和五三年にいわゆる「A級戦犯」を合祀して以降も、歴代総理大臣は二〇回も参拝している。だから中韓に文句を言われても「何をいまさら」と反論すべきだったんです。ところが中曽根は、中国国内の権力闘争に配慮してやめてしまった。昭和五〇年に三木参拝が「憲法違反だ」と問題になった後も私的参拝は続けてきたのに、昭和六一年以降は総理大臣が靖国神社に近寄ることもできない状況を作ってしまったんです。

富岡　中曽根が中国の圧力に屈した昭和六〇年に、南京大虐殺記念館も誕生しました。

高森　その翌年、藤尾正行文部大臣が『文藝春秋』誌上の歴史認識発言が原因で更迭《こうてつ》されました。現職閣僚が歴史認識発言で更迭されたのは、あれが初めてです。あのときの藤尾さんは実に立派で、「自分は間違ったことを言っていないから辞表は絶対出さない。任命権者はあなただから、辞めさせたいならクビにしろ」と言った。任命した閣僚を首にすると総理にも傷つくので、ふつうは辞表を出して円満解決するんですよ。罷免されたほうも、二度と閣僚になれませんしね。ところが藤尾さんは堂々と罷免を受け入れた。ともかく、ここから平成七年の江藤隆美総務庁長官まで、現職閣僚の首が歴史発言で飛ぶことが繰り返されるわけです。その嚆矢《こうし》となったのが、中曽根政権。

富岡　中国の反日ナショナリズムに火をつけたわけですよね。

高森　ええ。中国を完全に図に乗らせた。その罪は大きいですよ。

勝谷　中曽根は村山談話の先駆けであると同時に、小泉純一郎の雛形でもあったんですよ。動きの鈍い関取が押し合いへしあいしているような自民党の派閥政治の中から、弱小派閥を率いた中曽根が登場したわけですが、彼は小泉と同じように弁が立つ。その場しのぎの格好いいことだけちょこちょことやってのけるところも、退任後に何となく発言権があるところも、小泉に似てますよね。日本人はああいうリーダーが出てくると、ときどき集団ヒステリーを起こすんです。

高森　たしかに小泉同様、パフォーマンスは上手かった。座禅をしたり、プールで泳いで見せたりね。そうすると国民の人気がまた上がっちゃって。

勝谷　あと、例の「ロン・ヤス」関係も「小泉・ブッシュ」と同じです。

クリーンなイメージとは裏腹の小泉の防衛利権

小林　その小泉純一郎は今回も『わしズム』のときと同じ三位だけど、一位の河野とは違って、一番目に挙げた人がわしも含めて五人もいるね。わしは、今日ここで小泉の功罪をはっきりさせたいと思うんだよ。それを総括しておかないと、いつまで経っても「小泉総理待望論」が出てくる世論を清算できない。

富岡　あれは不思議ですよね。小泉改革の結果、これだけ格差とかワーキングプアの問題が噴出しているのに、世論調査では「首相にふさわしい政治家」として名前が挙がる。「民主党の代表にいい」という声もあったりして、この人気は冗談にもなりませんよ。

小林　もともと構造改革は小沢一郎が言い始めた話なんだけど、それを先に実行してしまったのが小泉純一郎だった。外交では徹底的にアメリカに追随して、アフガンやイラクの戦争に加担。国連でも「イラク戦争に賛成してくれ」と自ら音頭を取ってしまったからね。その結果、北朝鮮に対して何もできない状況を招いた。

富岡　政治家の人事でも、田中眞紀子を外務大臣にしましたよね。あのダメージはいまだに響いています。彼のポピュリズムによって、大いに国益が損なわれました。

勝谷　彼の人気はクリーンなイメージにも支えられているんだけど、自衛隊関係者に聞くと、相当な防衛利権がある。これは従来の土建利権と違って、目に見えにくいんです。たとえば沖縄の防衛利権はずっと経世会のものでしたが、小泉は経世会を叩き潰すことに情熱を燃やした結果、ごそっと清和会のほうに来ていますよ。だから、相当お金が動いてると思います。郵政選挙の際も、あるとき突然資金が潤沢になった。だから、実際はかなりブラックな政治家のような気がして仕方がない。

高森「小泉改革は実は防衛改革だった」という見方があって、防衛面での功績を評価する向きもありますが、だとすると、その裏返しとしての防衛利権かもしれない。

勝谷　それだけの影響力があるということですからね。だけどその防衛面でも、イラク戦争という不義の戦争に加担したことは絶対に忘れてはいけない。

長谷川　先ほどポピュリズムという言葉が出ましたが、私には、政治を一段レベルの低いものにしてしまった張本人という感じがします。中曽根さんもオバサマ族の人気を集めたりしましたが、小泉さんはそのレベルをガクンと落とした。その象徴が小泉グッズ。その後あれが余ったらしくて、自民党からのお中元に送られてきたんですよ。その中に小泉さんの顔を印刷したバスタオルがあって、うちの息子が「これでケツ拭こう」と（笑）。そんなグッズができること自体が許せない。

勝谷　マスコミが小泉のパフォーマンスをワイドショーで大きく取り上げて、国民もそれに乗せられましたからね。でも、マスコミと国民が劣化しているときに、政治家が一緒に劣化しちゃダメなんですよ。本来はそこで「もっと俺の話をちゃんと聞け」と言わないといけないのに、小泉は一緒にはしゃいでいた。

小林　「自民党をぶっ壊す」と叫んで拍手喝采されていたけど、ふつうに考えたら、あれはものすごく不道徳だよね。党総裁として内部にいるのに、その政党を破壊するというんだから。わし、自分のスタッフが「よしりん企画をぶっ壊す」なんて言ったら絶対クビにする。「ふざけんなよ、この野郎」という話でしょ。

高森　内部批判については、かつて三島由紀夫が武士の論理で石原慎太郎を批判しました。「そんなに自民党をぼろくそに言うなら党を出るべきだ」と。

勝谷　本当に戦うべき政敵は外の野党なのに、内部に無理やり敵を作り上げるんです。僕は当時から指摘していましたが、このやり方は毛沢東と同じですよ。敵を作って三角帽子を被《かぶ》せ、紅衛兵みたいな国民を煽《あお》って、内部に権力闘争を起こして自分の権力を維持する。その後には死屍《しし》累々《るいるい》――というのも毛沢東と一緒です。

功もあるが、やりっぱなしの小泉

高森　あえて皆さんと違うことを言いますが、政治家は結果が重要ですから、私は二つの点で小泉を評価したいと思います。一つは靖国神社参拝。総理の座にいるあいだ、小泉は必ず年に一回は参拝を続けて、最後は八月一五日に行きました。これは中国と韓国の猛烈な外圧に直面したわけです。国内にも足を引っ張る勢力はありましたが、彼はそれをやり続けた。その姿が国民の共感を呼んだというのも、小泉人気の一面ではないかと思います。「日本の総理大臣でもやればできるじゃないか」と国民に思わせましたし、中韓の外圧が「正体見たり枯れ尾花」で実は大したことがないというのも見えた。小泉の歴史認識には批判もありますし、私もそれには同感ですが、外圧に屈せず、参拝を続けたという点については評価しておきたいんです。

勝谷　中韓が何もできなかったというのは、本当にそうですね。

高森　もう一点は皇室典範の問題です。これは決して放置できないテーマだったのですが、これまで良識ある人たちは誰も言い出せなかった。しかし小泉は、皇室の存在意義が十分わかっていなかったがゆえに、あるいは聖なるものに鈍感であったがゆえに、と言うべきかもしれませんが、それを取り上げて大きな関心を集めたんですね。典範改正が避けて通れない課題であることを広く国民の前に示した。彼自身の考え方はともかく、このことは結果として大きな意味を持ったと言ってよいでしょう。もちろん、ポピュリズムに流れた神聖冒瀆的な小泉路線の典範改正には私も反対ですが、それが天佑神助的な形で実現しなかった点も良かった（笑）。

勝谷 だから、小泉純一郎という人はある種のトリックスターなんですよ。物語の中のトリックスターは秩序をさんざん乱して去っていくんですが、その後には何も残らない。しかし火をつけて騒ぎまくったことで、それまで見えなかったものが見えてくる。

小林 そこに論理があったら本当に良かったんだけどね。それと、靖国参拝については、最初から八月一五日に行っていれば評価できた。ただ、靖国神社の参拝者を増やした部分はたしかに評価できると思うよ。

高森 靖国神社に集まる若者たちに「靖国神社との接点は何だったの？」と訊くと、小林さんの『戦争論』と、新しい世代では小泉参拝の影響が強い。外圧があり、マスコミがさんざん取り上げたので、逆にあれで「そんな問題があるのか」と興味を持った若者が多いんです。

富岡 もう一つ評価するとすれば、対中ODAを引き締めたことも挙げられますね。中国は悲鳴を上げたくなったでしょうから。

長谷川 それと、北朝鮮に乗り込んで拉致の事実を明らかにしたのも小泉さんだった。

勝谷 ただ、この人は全部やりっ放しなんですよ（笑）。それ以前に、やったときの詰めが甘い。なぜ、最初から八月一五日に行かなかったのか。なぜ、平壌宣言に拉致の文言を盛り込まなかったのか。まあ、本人はA4一枚分の説明しか覚えられない人らしいから、周囲の人間がもうちょっとそこを支えれば、立派な政治家になったかもしれませんが。

長谷川　よく好感度調査で「好きなタレント」と「嫌いなタレント」の両方とも上位に入る人がいますけど、小泉さんもそういうタイプなんでしょうね。

勝谷　河野や村山は絶対に「好きな政治家」のほうには入らない（笑）。われわれだって、こうして河野や村山の何倍も小泉について喋《しゃべ》っているわけです。悔しいけど、これが政治家の人気というものなんですよ。私が『週刊文春』の記者時代、よく花田編集長に言われたのは、「いい記事も悪い記事もダメ。論議になる記事が売れる」ということ。小泉人気もまさにそうですよね。いまだに、みんな小泉のことが気になって仕方がない。

日本的なるものを徹底的に破壊した小泉

小林　人気はわかる。ただ「売国」という観点からすると、小泉純一郎の考え方は日本にとってすごく危険だと思う。「官から民へ」というキャッチフレーズで民間の個人主義を徹底的に賞揚したけど、日本人はどうやっても個人の力ではアメリカ人や中国人に敵わない。どんなに日本人が拝金主義で頑張っても、中国人とアメリカ人の拝金主義に勝てるはずがない。WBCで優勝した野球チームと同じで、組織の機動力で戦うのが日本人の特質なんだよ。アメリカ人とは戦い方が全然違うから、「全員がホームランバッターになれ」と言っても無理。確固たる共同体の集団性や協調性が本来の日本の力だったはずなんだ。そういう日本人の体質を変えて、完全な個人主義の戦い方に持っていくと、最終的には皇室の存在にすら触れる話になってしまうと思うよ。

高森　日本の強さは、集団の強さであると同時に、末端の強さでもあるんですよ。政治でも経済でも、アメリカや中国のトップと日本のトップを比べたら、全然勝てない。しかし日本は末端のレベルがものすごく高いから、集団としては戦えるわけですね。そこを生かす体制を崩してしまったら、日本は弱くなるしかない。

富岡　構造改革は「日本的なるもの」を徹底的に打ち壊す運動でもあったわけですね。

高森　以前、小林さんが「小泉は靖国の英霊が守ろうとした日本を壊している」と言いましたが、私はそれが小泉政治に対するもっとも本質的な批判だと思います。たしかに参拝はしたけれど、靖国の英霊にまともに顔向けできることをやったのかというと、その部分では大きく減点せざるを得ない。

富岡　これは冗談ですが、ある霊能力者が靖国神社で小泉さんを霊視したら、ほとんど英霊が来てなかったとか（笑）。天皇陛下がサイパンに行かれたときは、ものすごく集まっていたそうですけど。

小泉とワンセットだが、政治家ではない竹中平蔵

小林　経済政策の面から日本を壊したという意味では、七位の竹中平蔵も無視できないよね。彼を選んだ人は全員が小泉を一番目に挙げているから、ワンセットなんだろうけど。

富岡　竹中をプロの政治家と呼べるかどうかは疑問ですが、小泉政治のシンボル的な存在ではあると思います。彼は、徹底的なアメリカニズムの人ですよね。あの世代の学者の典型で、アメリカ留学でドクターを取ったりしているせいか、アメリカの考え方がもっとも合理的で近代的だという信念が捨てられない。

高森　竹中は、小泉純一郎という政治家がいなければ、生涯一学者ですよ。せいぜい審議会の片隅に座らせてもらう程度。あれだけの権力を振るえたのは小泉あってのことですから、売国政治家と呼ぶのは褒めすぎじゃないかな。

小林　たしかに、政治家ではないな。ただ竹中は構造改革のときに「これはサプライサイドの問題だ」と言ったのよ。供給側が悪いから改革が必要だと言って、ITで雇用が創出できるという話だった。ところが実際にやってみると話が違う。改革しても、全然、雇用を吸収できないじゃない。まるっきり嘘だったんだよ。

長谷川　単なるエコノミストとして間違ったということでしょうけど、今はもう、間違わなかったエコノミストを探すほうが難しいですからね（笑）。

高森　そのダメなエコノミストにあれほどの権力を与えた小泉の責任ですよ。

長谷川　こうしてお話をうかがっていると、小泉さんという人は、何かをぶち壊して風穴を開けることは得意でも、その後で積み上げたり高めたりするのはまったく苦手な人なんですね。「官から民へ」にしても、本当は単に「官」を否定するのではなく、その質をいかに上げるかが大事だと思うのですが。

高森　ですから、小泉政治が開けた風穴をいかに活かすかは、いささか酷な話ではあるけれども、次の政権の手腕にかかっていた部分が大きいんです。小泉改革の行き過ぎを是正する一方で、靖国参拝は継承し、北朝鮮への態度をさらに強めるといった形になれば、小泉の評価もまったく違うものになった。

富岡　靖国参拝や対中国政策の継承ができなかったから、高森さんは安倍晋三を売国政治家の五番目に挙げてらっしゃるんですよね。

小林　安倍は「歴代の総理は靖国参拝を続けるべきだ」と言いながら、自分がやらなかったわけだからね。結局、小泉の後は、逆に誰もが「八月一五日になんか行けない」と思ってしまっている状態じゃないかという気がする。

長谷川　あれは「変人」の小泉だからできたことで、常識人である自分にはできない――と思ってしまうかもしれませんよね。

高森　それを継承する責任が安倍さんにはあったんです。

まったくビジョンが見えない小沢一郎

小林　次に、四位の小沢一郎はどうですか。富岡さんは一番目に挙げましたが。

富岡　小沢は田中角栄的な政治の最悪の後継者だし、国家や歴史に対するビジョンがまったくないことも、この二〇年間で明白になりました。日本の政治を完全に政局だけにしたことが、最大の問題だと思います。

勝谷　この場で小沢さんを擁護するのは僕しかいないと思うので一つ申し上げておくと（笑）、彼は、少なくとも民主主義については非常によく考えています。たとえば小沢さんの選挙区巡りは、地元の圧力団体のボスに会うのが目的だと思われていますが、そうじゃない。今まで利益を代弁してきた圧力団体はほとんど消えているので、もうそこに手を突っ込んでも集票はできないということが、彼にはわかってるんですよ。だから選挙区では、民主党員に「ちゃんと街頭に立って市民と向かい合って話をしろ」と言っているんです。「そう言っているのに、あいつらはやろうとしない」とボヤいてますけどね。

富岡　もちろん、小沢さんにも評価できる面はありますよ。たとえば局長以上の役人には一回辞表を出させるといった考え方は面白い。官僚機構に力で押し入ろうとする政治家は少ないですしね。ただ、その官僚機構を徹底的に変えることで何をやりたいかが、わからない。その先のビジョンがまったくないんです。だとすれば、小泉とは別の意味で、彼も単なる破壊主義者にすぎなくなってしまう。

勝谷　僕も、安全保障などのビジョンがやや現実離れしているとは思います。国連中心主義にしても、国連そのものがヘタレですからね。国連に代わるものが何かあれば見えてくるかもしれないけど、そこから先はちょっとまだわからないんだよなあ。

小林　最初のビジョンは小泉と同じ「官から民へ」だったんだよ。ところが小泉に先を越されて、結果的に格差が拡大したら、こんどは小沢が「終身雇用制は良かった」とか言い始める。だから、政権を取ったら一体どうするつもりだったのか、さっぱりわからない。

勝谷　だけど、今でも政界でもっとも強力なエンジンであることはたしかなんです。政権交代をするにしろ何にしろ。そのエンジンを作っていたメーカーが田中派というとんでもない悪徳商会だったわけですが、エンジンの強さに罪はない。ただし燃費が悪くて、ちょっと利権を入れてあげないと動かなかったのが問題なんですが（笑）。

長谷川　どうやら私は小沢さんに、実像とはかけ離れた幻想を抱いていたようですね。私は、彼が心の中で密かに反米戦略を抱いていると思っていたんですよ。直接「反米」とは言わずに、搦《から》め手《て》から攻めようとしているのだと勝手に誤解していた。

高森　国連中心主義も、そのための迂回戦略だろうと。

長谷川　そうそう。日本が国連をリードできるようになれば、それを使ってアメリカに対抗できるというビジョンを描いた上で、あえて「国連中心主義」という左翼が好きそうな言葉を使っているんじゃないかと。本人にそれを訊いたときも、いかにも含みを持たせた笑みを浮かべて「ご想像にお任せします」と言ってましたから、そういう深謀遠慮があるような幻想を抱いてしまった。

勝谷　いや、それは決して間違いではないと思いますよ。僕も、国連が彼の出口ではないと思います。彼の理想の根底にあるのは、フランスのような中級国家のビジョン。超大国ではないけれど、ちゃんと自立した国にしたいんですよ。

長谷川　なるほど。でも、本人とその話をしてからもう十数年経っているのに、小沢さんのやることなすこと、全然そっちに進んでない。それどころか、ただ国内でいろんなものを壊しまくっているだけなのでね。

勝谷　だけど、民主党みたいなヘタレ集団を率いてたら大変なんですよ（笑）。代表辞任後には民主党の連中が「小沢時代を総括する」とか言ってましたけど、小沢さんのお陰で初めて参院選で勝たせてもらった奴らが、何を総括するのかと思いましたね。また、代表選挙ではしきりに「民意を反映すべきだ」と言ってました。でも、これは平野貞夫さんが書いていましたが、国会議員は民意を受けて選ばれるけれども、リーダーは自分の責任と矜持《きょうじ》で選ぶべきであって、そこで有権者の顔色をうかがうべきではない。

富岡　それが議会制民主主義ですよね。

自民も民主も壊れて小沢に真の保守党が作れるか

高森　小沢の秘書問題が出てからの民主党のヘタレぶりは、本当に目を覆わしむるものがありました。自分たちで小沢さんに鈴をつけられないものだから、やれ党独自の世論調査をやるだの、第三者委員会に委ねたりね。自分たちの代表のことなのに当事者能力ゼロ。こんなに情けない政治家集団はないし、仮にそれをパフォーマンスでやっているなら、これほど国民を愚弄した話はない。前に小沢さんが「民主党に政権担当能力はない」と言いましたが、それはそのとおりじゃないですか。

長谷川　だから、小沢さんは民主党なんかを率いるべきじゃないんですよ。それこそ平野さんが小沢さんに寄り添って支えるような政党なら、何かを期待できる雰囲気がある。

高森　小沢代表、平野幹事長みたいな政党ですか。

長谷川　ええ。自民党ではできないことを、そういう党ならやってくれる気がします。

富岡　自民党よりも主体性を持った保守政党が誕生して、もともとは自民党が掲げていた憲法改正などを推進できるかどうかが今後の大きなテーマでしょう。

勝谷　だから、もう一回、政界再編があると思いますよ。そのとき小沢さんが指導的な立場にあるかどうかはわからないけど。いずれにしろ、ここで自民党も民主党も壊さないとそれは難しい。

高森　自民党も自民党ですからね。安倍政権ができたときにはみんな安倍に流れて、安倍さんが投げ出したら、こんどは一気に政治姿勢では対極と言っていい福田さんに流れる。節操もへったくれもない。あの自民党のドタバタした姿は、本当に国民を幻滅させたと思いますよ。

勝谷　そこで漁夫の利を得ているのが公明党ですからね。今この国を誰が背負っているのかを考えると、非常に危険ですよ。常に公明党がキャスティングボートを握っているから、自民党の大物はみんな創価学会の幹部に会いに行く。もう、骨の髄まで食われてます。

富岡　田中角栄あたりの時代に公明党に頼りだしてから、自民党はダメになりましたよね。しかもその麻薬が、どんどんきつくなっている。

長谷川　保守本流の有権者たちがそっぽを向きだしたのも、公明党と一緒になってから。

小林　自民党にも民主党にも「何はともあれ、まず政権を取らないと何もできない」というのがあるからなあ。本来はあくまでも理念で糾合すべきなんやけど、やっぱり政治家にはそれができないのかね。

長谷川　自民党は一度下野して、野党の惨めさが骨身に沁《し》みてしまったから、もう公明党の麻薬を断てなくなったんじゃないでしょうか。

勝谷　みんな、細川政権があと一年続いていたら自民党はなくなっていたと言いますね。役人は一切説明に来なくなるし、利権のパイプも全部切れる。毎日のように離党届けが出ていたとハマコーさんも言ってました。だからこそ、僕は政権交代をしたほうがいいと思うんですよ。理念で結びつくためには、利権のパイプを一回切るしかない。

長谷川　でも今の自民党でそれをやったら、単に空中分解するんじゃないかしら。

勝谷　そのときは民主党も空中分解するでしょ。あれだけ右と左がくっついてるわけですから。ただ、その手術に耐えるだけの体力が今の日本国にあるかどうかが問題。

富岡　その間に国が滅びかねませんからね。政党栄えて、国滅ぶ。

勝谷　だから本当は、二〇年ぐらい前にそれをやらなきゃダメだったんですよ。

暗くて怖い野中広務

小林　ランキングでは、小沢と中曽根に続いて野中広務が六位に入ってるね。ここにいるメンバーも、富岡さん、勝谷さん、長谷川さんが選んでます。

富岡　まあ、要はプロの利権屋ですよね。小者ではあるけれど、これだけダーティーな政治家もそうはいない。

勝谷　この人が国家公安委員長をやったんだから怖い話ですよ。情報を全部握っている。

富岡　裏をすべて知っているから、自民党の中でも脅しをかけていましたね。

長谷川　顔と役割が似合いすぎてるのが怖い（笑）。

高森　私は一度だけ、自民党の幹事長時代に会ったことがあるんです。「新しい歴史教科書をつくる会」が初めて検定申請をしている最中に、中韓の外圧がかかったんですね。そこで現職の自民党幹事長である野中が「われわれも中韓の批判を正面から受け止めて考えなければいけない」と言った。「政治的に不合格にするぞ」と言わんばかりの発言ですから、これは許せません。それで面会要求をしたんです。一週間ぐらい待たされましたけど、会った瞬間に「これは文部省で作業をやっているので、それを尊重すべきだ。政治的介入は一切考えていないし、そのように理解されているなら撤回する。お詫びもしていい」と言いましたね。

ところが、その後で雑談に入った途端、「しかし日本が中韓に顔向けできないようなことをやった事実は忘れないでほしい」と言い出して、それから延々と自虐史観を開陳したんです。そのときの雰囲気が、とても表の人間とは思えないほど暗くて怖いんですよ。声を荒らげるわけでも、こちらを脅かすわけでもないんだけど、とにかく得体が知れない感じ。すぐに頭を下げたんだけど、頭を下げても怖い（笑）。そのへんのヤクザのほうが、よっぽど明るいですよ。

しかも、「われわれは政治介入を一切しない」と言いながら、実は手を突っ込んでいたわけです。文部省の検定審議会に外務省枠で入っていたメンバーが、工作を始めていたんですね。それを当時外務省にいた心ある官僚がリークして、新聞に大きく出た。そのお陰で政治介入は潰れたんですけど。以上、体験的野中広務論でした（笑）。

長谷川　アカデミー賞でいうと、主演男優賞はだめだけど、助演男優賞は取る人。ヒース・レジャーですかね。

政治家としてのプラス面が何一つない森と中国一辺倒の加藤

小林　九位の森喜朗は勝谷さんが一番目に挙げてるけど、これはどういうこと？

勝谷　支那・朝鮮に国を売るだけじゃなくて、自民党をダメにしてしまったのが、あの森喜朗という巨大な愚物《ぐぶつ》なんですよ。しかもいまだにキングメーカーぶって、要所要所に顔を出しては、人を恫喝《どうかつ》したり笑いを取ったりしている。だけど、そもそも森喜朗政権そのものが正統性ゼロじゃないですか。小渕さんが亡くなったときに密室で作られた政権ですからね。小渕さんが本当に当時の官房長官に「頼むよ」と言ったならいいけど、医師団はそんなの聞いてないと言ってるんだから、本来なら国会でちゃんと総理大臣の指名をしなきゃいけない。少なくとも、閣議で総理大臣を決めなきゃいけないわけです。それを全部すっ飛ばしてるんだから、あれは政権簒奪《さんだつ》なんですよ。あそこから、自民党が本当の意味でダメになった。小渕さんは、冷めたピザとか言われながらも、いい意味の保守の魂を持っていた人でしたよ。沖縄に対しても高い志があって、優しい人でした。

　実は森喜朗以降の首相は、小泉以外は全員一年で辞めてるんです。森、安倍、福田と、みんな一年。その間に五年半、国民が騙され続けたトリックスターがいたわけですが、あれは自民党じゃないですからね（笑）。だから、小渕さんが亡くなった瞬間に自民党は終わってたんです。そこから後、失われた一〇年を作ってしまった森喜朗の罪は非常に重い。しかも文教族議員として、教育現場をここまで悪くした。給食費を払わない親やモンスターペアレンツが出てきたのも、文教族がちゃんと仕事をしなかったからでしょう。

高森　学校の完全週休二日制を前倒しにしたのも森政権でしょ。町村文部大臣の時代に、予定を早めて実施したんですよね。

長谷川　例の「神の国」発言はどう考えればいいんでしょう。

勝谷　あれも大した発言じゃないんですよ。

高森　神道政治連盟の祝賀会で、神主さんたちの前だからあんな話をしただけでしょ。

勝谷　別に本人が皇室を尊敬しているわけでも何でもない。だって、陛下の御成婚五〇周年式典で居眠りするような人なんでしょ？

小林 うん、寝てた寝てた。壇上に座ってこっち向いてるのに、明らかに寝とったたね。

長谷川 ああ、私って本当に幻想を抱きやすい人間なんだわ（笑）。あの「神の国」発言のとき、森さんが記者会見をすると聞いて、私、張り切って国会議事堂まで行ったんですよ。これは首相が日本の国体について熱を込めて国民にアピールする何よりのチャンスだと思って、「こういうお話をしてください」と入れ知恵しようと思ったんです。それで村上正邦さんに「ぜひ森首相に会わせてください」とお願いしたら、村上さんがなんだかおかしそうなお顔で「じゃあ、どうぞ行ってご覧なさい」と車を差し向けてくださった。さんざん控え室で待たされて、結局は森さんの都合がつかなくて会えなかったんですが、後日、森さんから「あのときはわざわざ来てくださってありがとう」とていねいなお電話をいただきました。もしあのとき面会できたら、私としてはこまかに演技指導までして、いわば日本の国体明徴を森さんにやってもらおうと思っていたわけですが。

富岡 「え、国体って何？ 国民体育大会のこと？」って訊かれたかも（笑）。

勝谷 なにしろＩＴ革命を「イット革命」と読んだぐらいですからね。とにかく森には、政治家としてのプラス面が何一つない。ある意味では悪役ですらないわけだけど、こういうタイプが一番タチが悪いんです。

で、その森喜朗内閣を打倒しようとしたのが「加藤の乱」だったので、当時は加藤紘一を応援する記事を書いた覚えがあるんですが、見事、九位に入ってますね（笑）。

高森　加藤紘一の大罪は、何と言っても天皇陛下のご訪中です。あれは宮澤政権の官房長官だった彼が取り仕切った。天安門事件が起きて西側が経済制裁に乗り出したときに、彼は中国に救いの手を差し伸べたんですね。あの時点でのご訪中は政治的性格を帯び、陛下の尊厳を損なうおそれがあると国内に猛烈な反対があったのに、それを押し切った。当時の銭其琛外相が回顧録の中で「あれで助かった」と政治利用を明言しています。

富岡　今は日中友好協会の会長ですよね。

勝谷　僕は彼と何度も飲んだことがあって、いい人なんですけどね。でも、いい人であるだけに、余計、中国や韓国の工作にコロッと引っかかっちゃうんだと思う。実際、中国に招待されて行くと、すごくいい目に遭わせてくれるんですよ。

小林　だけど、たとえ接待に騙されて自虐的な史観を持ってしまっても、中国がチベットやウイグルに対してやっていることを見たり、台湾の声を聞いたりすれば、中国に対する感覚が相対化されるはずでしょ。それをやってから政治的な発言をしてほしいよ。

高森　そういう軍事的緊張感なき外交感覚の喪失が、台湾問題を見えなくさせているんです。台湾の位置は日本にとって死活的に重要なのに。

ポツダム宣言で国民の命と引き換えに国を売った日本⁉

小林　さて、ここまではランキング上位の売国政治家について話してきたけど、今回はそもそも「売国」とは何かということも考えてみたいんです。たとえば今は保守派も分裂していて、歴史認識と外交や憲法の問題を切り離して考える人たちもいる。国益のためには歴史認識を問題にせず、靖国参拝だの慰安婦だのについてはいくらでも妥協する「現実主義者」が何人もいるわけ。

長谷川　私は、そもそもポツダム宣言を受諾した時点でわれわれは国を売ったんじゃなかろうかと思うんですよ。国民の命と引き換えに国を売ったのが、ポツダム宣言受諾だった。この理屈だと、昭和天皇のご聖断が売国の出発点だったという過激な話にもなりかねないので大変畏《おそ》れ多いのですが、あのときに天皇陛下が危険な賭けとも言える大英断をなさったお陰で、今の日本人の命が救われている。だとすれば、その後の政治家の使命は、売られた国をどう買い戻すかということに尽きるんです。そのための必死の努力をしなければ、みんな売国政治家だと思いますね。

勝谷　そのお考えは、目から鱗《うろこ》ですね。おっしゃるとおりで、あえて下品な言い方をするなら、ポツダム宣言受諾によって日本は売春婦になっちゃったんですよ。その売春婦を苦界からまともな世界に「落籍《ひ》かせる」ためには、莫大なお金がかかる。だから日本は莫大な金をアメリカと世界に対して払い続けてきたけれど、相手はヤクザだから「もっと出せ、もっと出せ」と言い続けるんですね。

高森　だとすれば、売春宿に叩き売られたときの証文が日本国憲法ということになりますね。だから、これを破り捨てないかぎり売春宿からまともな世界に戻ることはできない。そういう大きな構図が、今の長谷川先生のお話でよく見えるようになりました。ただし昭和天皇は、ポツダム宣言受諾が国を売りかねない危険を孕《はら》んでいることを承知しながら、しかし「国を売ってはいけない」という決断をされたんだと思います。というのも、終戦の詔書《しょうしょ》には、大東亜戦争の大義は手放さず、日本の国柄にも指一本触れさせてはいけないということが書いてある。戦争の大義を改めて確認しながら、矛を収めたわけです。また、アメリカの核投下に対しては、「残虐なる爆弾を投下した」ということで、人類史上最初の核兵器糾弾の声を上げられた。ですから昭和天皇ご自身は、当然ながら断じて国を売ってはならんとお考えだった。

長谷川　たしかに、ふつうは役人が詔書を起草《きそう》しますが、あの終戦の詔書だけは例外的に昭和天皇の御前会議でのお言葉がもとになっていて、そこに終戦に向けたご決意のほどがはっきりと描かれています。おっしゃるとおり、国を売ってはならぬというご意思が明確に出ていると思いますね。

勝谷　だから戦後の日本では、辛うじて昭和天皇のお考えと存在がストッパーになっていたんだと思います。昭和天皇がおられるということで、売春宿の中にいながらも「俺たちには志がある」と踏みとどまってきたんですよ。ところが平成に入ると、そのタガが外れてしまったような気がします。昭和天皇が亡くなられてから二〇年で、総理大臣は一四人。次々と売国首相が現れました。

高森 実際、昭和天皇ご自身はさまざまな形で抵抗しておられました。たとえば占領下で祝祭日の体系が強制的に大改造され、名称や趣旨などが変えられましたよね。とくに二月一一日の紀元節は、名前を変えるどころか、なくなってしまった。これに連動して、宮中の紀元節祭という大祭もなくならざるを得なかったのですが、昭和天皇はご存命中、臨時御拝という形で必ず二月一一日は宮中三殿にお出ましになって、拝礼を続けてらしたんです。これは今上陛下も受け継いでおられます。一般にはほとんど知られていませんが。

小林 皇居の中ではずっと抵抗が続いてるわけだ。

高森 さらに皇居の外でも、占領下に全国を行幸されましたよね。占領軍は当初、「丸腰で行って石でも投げられればいい」と思っていたんですが、行く先々で「天皇陛下万歳！」になったので、一度は中断させられました。また、占領下に始まった皇居の一般参賀に天皇ご自身がお出ましになるのも、昭和天皇のご発意によるもので、天皇と国民が心を通わせて、占領軍に日本の国柄を押し潰させるわけにはいかない、という姿勢を示しておられたんだと思います。

国体を喪い続けた戦後六五年間

富岡　昭和二一年元旦のいわゆる「人間宣言」のときに昭和天皇ご自身がおっしゃったのは、日本はもともと民主主義の国だということでした。最初に五箇条のご誓文について語られたんですね。そういう意味でも、昭和天皇には売国に抵抗するはっきりとした意図があったし、戦後、国体が昭和天皇の存在によって護持された面はあると思います。しかし戦後の日本人、とくに平成に入ってからの政治家が、国体とは何かを考えなくなった。そのために国体の喪失状態が深まって、今日に至っている。

勝谷　それこそ休日についても、昭和天皇がご存命中は辛うじてその記念日に祭日がありましたが、平成に入ってからはグズグズになりました。

富岡　ハッピーマンデーとか言って、何が何だかわからなくなってますよね。

勝谷　愚民に三連休という飴玉を投げて、国の形を崩してるんですよ。たとえば成人式だって、本来は小正月だから一月一五日だった。別の日では意味がありません。

高森　祝日の体系は、その国独自の歴史と価値観を反映しているんです。ところが今は、「ホリデイ＝聖なる日」でも「ハレの日」でもなく、単なる休日になっている。

長谷川　先ほどいわゆる「人間宣言」のお話が出ましたが、あの「単なる神話に基づくものにあらず」という部分は、よく読むと、日本の国体は西洋人がゴッドと崇める一神教の神学とは全然違うという以上のことは言っていないんですよね。ここは大原先生の受け売りになりますが、詔書の起草者が唯一しくじったのは、「現御神《あきつみかみ》」を「架空ナル観念」としてしまったこと。元の英文は単に「divine（ディバイン）」と言っているだけですから、知らん顔して「キリスト教的な神の概念に基づくものに非ず」としておけばよかった。翻訳者と監修者のミスなんですよ。だから昭和天皇ご自身としては、占領者であるアメリカ人たちに本来の日本の国体を誤解なく正確に示す詔書なら出してもよかろう、というご意思だった。そういう意味でも、昭和天皇ご自身の「国体はしっかり保持しなければいけない」というお気持ちは、終始一貫、揺らいでないんです。

高森　阿南《あなみ》陸相をはじめとする抗戦派が、なぜ「まだポツダム宣言を受諾すべきではない」と頑張ったかといえば、売国への危機感が強烈にあったからでしょう。今や抗戦派は昭和天皇の心も知らない偏狭な馬鹿者どもみたいに位置づけられていますが、戦後の転落の過程を見れば、あの踏ん張りはかなり妥当だったと言わざるを得ません。

勝谷　何もかも陛下がお一人でできるわけがないので、本当は補弼《ほひつ》するべき連中がちゃんとお助け申し上げなきゃいけなかった。それがなかったから、ポツダム宣言で苦界に落ちちゃったんですよ。だけど、何度かそこから抜け出すチャンスはあった。一番大きいのはサンフランシスコ講和条約で、あれは売春防止法が施行されたようなものです。金は返さずに出ていっていいよ、という話でしょ。そのときに日本国憲法という証文を破り捨てて、いわゆる「人間宣言」も実は違うと明らかにすべきだった。占領下で言わされたことを、独立国として国際社会に復帰するにあたって、陛下のお口から改めて正確に言っていただけばよかったんです。

空っぽ・無機質な国にした政治家

富岡　政治家の使命で一番大事なのは、ある歴史の瞬間を捉えて、国家のあり方を明確にすることです。たとえばドイツの場合、あのタイミングを逃したら統一は難しかった。しかし日本では、サンフランシスコ講和条約や日米安保条約改定など苦界から脱するチャンスがいくつかあったにもかかわらず、それを逃してきました。これは、政治家の使命感の欠落によるものでしょう。

高森　講和条約のときなら自然な形で旧宮家も復活させられたし、祝祭日や皇室典範や靖国神社も、本来の姿に戻せたはずですよね。しかし、それが散発的にしか手をつけられていない。昭和四〇年代に靖国神社国家護持運動が高まり、その前には紀元節復活運動があって、これは昭和四一年の祝日法改正で「建国記念の日」として実を結んだんです。で、その次に靖国神社をやろうとしたけれども、これは実を結ばないまま、昭和五〇年に三木首相が「私的参拝」という言い逃れを始めてからは逆に悪い方向へ流れてしまった。

勝谷 その時代は、売国政治家誕生の大きなターニングポイントです。田中角栄のロッキード事件もその前後、一九七三年から七七年くらいですよね。そして最近の経済学では、日本の経済成長はここで止まったと言われています。正当な資本主義の発展による高度経済成長は、七〇年代で終わった。その後に何をしたかといえば、無駄な物を作り続けたんですね。道路にしろ鉄道にしろ、国民生活に必要でないものを作り始めた。それが行き詰まると、こんどは金融工学によるバクチが始まったわけです。経済学の側面から見ると、そういうバブリーなものを食い物にし始めたことが、売国政治家誕生の糧になった。その結果、「うさぎ追いしかの山」も「こぶな釣りしかの川」も失われたわけです。安倍さんは「美しい国」と言いましたが、あの美しい日本の風景を潰しに潰してきたのが日本の政治家。それが始まったのが、まさに一九七〇年代ですよ。国体の喪失も問題ですが、あの美しい日本の風景を台無しにしたのも重大な売国行為でしょう。

富岡 田中政治以降ですよね、故郷の風景が破壊されたのは。国の意識も、そのあたりから失われ始めた。

高森 その意味で、昭和四五年（一九七〇）に自決した三島由紀夫はやはり先覚者だったと思いますね。その後の状況は当時よりはるかに悪くなっていますが、それを先取りして、絶望的な危機感を体現した。

富岡　三島は、自決前に『産経新聞』に書いた「果たし得ていない約束」という短いコラムの最後で、「日本はもうすぐ日本という国ではなくなって、極東の一角に、空っぽの、妙な、抽象的な、無機質な、抜け目のない、経済大国が残るであろう」と予言的に書いています。まさに七〇年代以降、そうなった。最近は抜け目のなさもないけど（笑）。

国の内外で売国・横領した政治家たち

小林　七二年ぐらいまでは、とにかく国民の生活の質を上げよう、貧乏人がいなくなるようにしようと言いながらやってきた。じゃあ、七二年以降は政治家がどんな国家ビジョンを立てればよかったのか。それを問わなきゃいけないよね。田中角栄は日本列島改造論をぶち上げて、地方の津々浦々まで日本の近代化を推し進めたわけだけど。

富岡　田中角栄の場合、列島破壊に加えて日中国交回復もやりました。

小林　アメリカが先にやっちゃったから、日本も慌ててやり始めたんだよな。

富岡　まさに属国の証を立てた。しかも台湾を切り捨てたわけです。三島は七〇年に自決したとき、あの檄文の中で「あと二年のうちに自主的に立ち上がらなければ、自衛隊は永遠にアメリカの傭兵になるだろう」と言いました。日中国交回復は、まさに二年後の七二年です。

長谷川　内側では国土を壊し、外側ではアメリカの属国だけでは物足りなくて、中国の属国にもなる道を開いてしまった。内と外とで日本を売り飛ばしたことになりますね。

勝谷　それも、向こうが金を払ってくれるならまだいいですよ。実際はこちらが国民の金を持ち出してるわけだから、タコが自分の足を食ってるようなものです。

長谷川　お金もあげて国も捨てるのでは、売国とすら言えない。

小林　だけど政治家自身には返ってくるわけだ。自分の利権のために国益を売る。

長谷川　だとすれば、罪状は「売国」プラス「横領」ですね。

勝谷　そうですよ。本来、七〇年代前半で経済成長が止まって以降は、国家の尊厳と誇りを持って、その国富を生かしていかなきゃいけなかった。あの時点でまともな軍隊を持ち、中国ではなく海洋アジアと手を結んでシーレーンを確保する気概を見せていたら、日本人は国内に無駄な道路を造るより何倍も豊かな気持ちになっていたでしょう。

小林　敗戦直後は、昭和天皇が終戦の詔書で「ここに国体を護持し得てポツダム宣言を受諾する」と言ったからこそ、軍部の強硬派もみんな矛を収めて、それに従った。でも、それ以降は国体を維持することの意味合いがわからなくなったから、七〇年代以降の国家ビジョンも見えなくなったのかもしれない。

高森　三島由紀夫は国家のビジョンについて、二つの価値を掲げていました。一つは福祉的価値、もう一つは自立的価値。戦後の高度経済成長路線は、前者をひたすら追求するビジョンだったと言えるでしょう。東西冷戦構造という温室の中で、自国の防衛に配慮する必要がなかったがゆえに、このビジョンはかなりスムーズに成功しました。しかし、その成功が日本人を錯覚させた。次は自立的価値に目覚めなければいけなかったのに、国民の大多数は「このまま走っていける」と福祉的価値を追い続け、バブル破裂後も新しいビジョンを見つけられない。しかも冷戦も終わり、アメリカは日本を見捨てて、中国と手を結ぼうとする。なのに日本人はいまだに冷戦下の夢の続きから抜け出せない。だからはっきり言って今は、アメリカの属国であるがゆえに、中国の属国にもなり下がっている。

勝谷　もう一つ、七〇年代の転機として象徴的なのは、日本赤軍が七七年に起こしたダッカ日航機ハイジャック事件です。福田康夫のお父さんが「人命は地球よりも重い」と言って、テロリストに金をつけて世界にバラまいた。これも日本の信頼を売ったという意味で、とんでもない売国行為です。今から見ると古き良き時代の政治家に見えますが、実は当時からかなり劣化が進んでいた。その後、大平、鈴木を経て中曽根になるわけです。

鳩山一郎、河野一郎にはあった「日本の独立」の熱意

長谷川　そしてそれが村山談話の先駆けとなり、自民党的なものが社会党的なものの中に呑み込まれていったわけですね。自民党には本来、「売られた国を買い戻す」という発想がありま

した。昭和三〇年の結党時に、鳩山一郎さんは「わが国が真の自主独立を達成するためには、占領中に制定された各種の法令や制度を、わが国情に即したものに改める必要がある」との考えを示しています。「終戦一〇年の今日、心から日本の独立を希《ねが》う為政者としては、何よりも先に考えなければならない責任だ」と言って、憲法改正と行政機構の改革という目標を挙げた。本当は独立直後にやらなくちゃいけないことですが、遅ればせながら、ここで日本をもう一回買い戻して、きちんと独立しようと。それを、あの鳩山君のおじいさんが、しっかり言ったわけです。

高森　孫は脳天気に「日本列島は日本人だけの所有物ではありません」なんて言ってますが(笑)。

富岡　占領下においては吉田政治がある種のアクチュアリティ（現実性）を持っていましたが、講和独立以降は鳩山一郎や、それを支えた党人派の三木武吉の存在が非常に大事だった。

長谷川　河野一郎さんも頑張りました。

富岡　そうですね。彼らが鳩山を担いで、吉田茂を打倒した。この政治が継承されていれば、憲法改正の可能性があったはずです。

小林　その鳩山一郎や河野一郎の子や孫が、どうしてこんなに左に変節しちゃったのかな。それ自体が日本全体の状況を象徴しているようにさえ見える。

富岡　僕は必ずしも世襲に反対しないけど、こうなると世襲にも問題がありますよね。

長谷川　つまり世襲の問題というのは、劣化の問題なんですよ。ただし当時の実情を見ると、すでに鳩山一郎さんの時点でさまざまな妥協をしています。たとえば最初の国会答弁で「こんな憲法では国が守れない」と憲法批判をしたら、さっそく社会党が「公務員の憲法遵守義務に違反している」と首相不信任案を出した。それは何とか乗り越えましたが、その後は鳩山さんも「解釈によって自衛隊は認められる」とトーンダウンしてしまった。

小林　なるほど。そのときから現在まで、現実主義に屈する流れが延々と続いてきたわけだ。中国と結ぶのも、高度経済成長でひたすら土木工事をやるのも、アメリカに徹底的に追従するのも、すべて現実主義だという話だからね。

富岡　その現実主義を操っているのが、官僚機構ですよ。吉田政治から生まれた官僚機構が、その現実主義なるものを司ってきた。

小林　本来は政治家がビジョンを立てて、官僚を動かさなきゃいけないわけでしょ。

富岡　ところが皮肉なことに、保守の期待を背負った安倍晋三を引きずり下ろしたのも、公務員制度改革に抵抗する官僚でした。官僚機構と戦えなくなったあたりも、政治家の劣化だと思います。

長谷川　小泉さんは激しく官僚批判をしたように見られていますが、それも単に「官僚は悪」

「官から民へ」というスローガンを振り回すだけでしたよね。しかし昭和三〇年の出発点で自民党が掲げたのは、「占領時代に押しつけられた国情に合わない行政機構を日本の国体に見合ったものに変えていこう」ということ。これが本来の行政改革ですよ。

宮内「庁」と防衛「庁」を容認し続けた戦後体制

勝谷　占領終了時に官僚機構を見直していたら、「宮内庁」を「宮内省」にできたでしょう。これが実現していたら、ずいぶん違ったと思いますよ。今の宮内庁は各省の役人が天下りで来るから「○○省の影響下にある」とか言われる。「省」にしてまともな大臣を据え、しっかりした輔弼の人たちを入れれば、もっと独立した強い役所になったはずです。

高森　今の宮内庁には、三流官庁という劣等感があるんですよ。だから、これは実に畏れ多いことですが、宮内庁の役人たちは自分たちの間で陛下のことを「社長」なんて隠語で呼んでいる。「うちの社長がちょっと病気がちで」とかね。まったくけしからん話ですが、こんなところにも宮内庁内部の屈折が表れています。

富岡　宮内庁と防衛庁という二つの国の要が軽視されたのが、戦後体制ということですね。防衛庁のほうは、安倍政権で「省」になりましたが。

長谷川　宮内庁を宮内省に、という議論はほとんど聞きませんよね。

勝谷　憲法一条を担保している役所がこんなに格下で、しかも文民統制が行われていない。大臣を政治的に任命することが、文民統制ですからね。こんな畸形国家はないですよ。

高森　宮内省は終戦時には六〇〇〇人を超える規模でしたが、現在の宮内庁はひどく切り詰められて、一〇〇〇人ぐらいしかいません。天皇は政治的対立や政局のはるか上にいらっしゃるべき存在であることは国民的なコンセンサスができているのに、それを保障する制度的な枠組みがないんです。内閣府の外局という政治丸抱えの位置づけのまま、「政治的中立」とか「政治を超えた存在」と言っても、これは成り立たない。ですから、あれこれ些末な議論をやる前に、まず国家のビジョンとして皇室の重要性を確認し、そのサポート体制を手厚くしなければいけない。人事面で各省庁の植民地にならないような手当も必要でしょう。内閣から独立した宮内大臣も、うんと格上げして総理大臣経験者に限定する。それも、一年かそこらで首相を辞めたり、在任中ケチがついた奴はダメとかね。近頃の政治家のレベルを見てると、該当する人がいなくなっちゃうかもしれないけど。だったら、思いきって在野の重厚な廉直の士から選ぶとか。

長谷川　宮内省のキャリア官僚試験も、最難関でなければいけないでしょう。あらゆる試験の中でもっとも難しくて、日本の歴史に深く通じていないと合格できない。その試験に受かったら皆から「おめでとう」と言われる省になるべきです。

勝谷　そうすると、宮内省そのものが日本文化の大博物館になるんですよ。いざというときは、宮内省の人間に聞けば日本のことは何でもわかる。それが、まさに守るべき国柄じゃないですか。今はそれを、陛下やその周りだけに押しつけている。

高森　サポート体制が皆無で、陛下や皇族方だけが皇室制度を支えているのが実情ですよ。ご病気の問題も、その制度的欠陥がしわ寄せされた結果でしょう。国防をめぐる体制的欠陥が個々の自衛隊員にしわ寄せされ、丸腰で海賊退治に行かされるのと同じこと。ところが、たとえば雅子妃殿下の問題についても、そういう側面がまったく論じられません。サポート体制の弱さをまるで無視しているくせに、忠臣めいたポーズで何だかんだと文句を言う人はいますけどね。ともかく、皇室と国防を国家全体のデザインの中にどう位置づけるのかは、きわめて重要なテーマです。しかし戦後の日本では、憲法の第一章と第二章に関わる問題がタブー視され、誠実真剣な知的検討の対象にならなかった。

自衛隊は国民の生命・財産を守っているだけではない

勝谷　今の日本では、かつての枢密院顧問や元老のような政治家が育ちませんよね。「大勲位」程度で威張ってるぐらいですから。でも、総理大臣経験者が最後に宮内大臣になり、内閣が替わっても一〇年は続けるとなれば、政治家の振る舞いも変わってきますよ。政治家としてのゴールが総理大臣ではなく、宮内大臣で陛下のお側に仕えることが最終目標になったら、政治家全体がピシッとするでしょう。

長谷川　しかも、首相在任中に不祥事や売国行為があったら、宮内大臣にはなれない。本当に名誉に値する人だけが宮内大臣になれるようにすればいいんです。

小林　式典で居眠りしてた森喜朗は失格だな（笑）。

高森　安倍さんもダメ。緊張に長時間耐える訓練をしてないのか、どうも姿勢がピシッとしない。でも、これは今の政治家全般に言えることですね。たとえば二月一一日の中央式典に、将来が有望視される保守系の若手政治家が来たりするんですが、情けないことに座席でじっとしていられないのがいる。足を組み替えたり、プログラムを出したり入れたりして、本当に見苦しいんですよ。たしかに知識はある程度あって、頭の中は保守かもしれないけど、立ち居振る舞いがそれについていかない。女性の議員の方がしっかりしていたりとか。

富岡　体が保守になってないんですね（笑）。

長谷川　でも売国政治家にならないためには、心身一如の鍛錬も大事ですよ。

高森　それこそ世襲議員も、そのあたりがきちんとしていれば存在意義がある。でも実際はどうなのか。

長谷川　そうそう。私が小学生のとき、同じ学校にお能の梅若流の一族の子供がいたんです。

リベラルで有名な学校だったもので、ほかの子供たちはみんな机に肘をついたりして姿勢が悪かったんですが、梅若流の子供たちだけは一時間の授業を最後までピシッと背筋を伸ばして聞いていました。私は母がそこの先生だったので、「あんたはダメね」とよく言われましたけど(笑)。これが世襲の良さですよ。教えの中身が頭に入っているかどうか以前に、その教えにふさわしい動作が小さい頃から体に染み込んでいる。政治家も、子供に世襲させるならそれをやっていただきたいですね。

小林 鳩山や河野を見たら、単に遺伝子が受け継がれているだけの世襲はダメと言うしかないよな。ちゃんと伝統を受け継いでくれないと意味がない。

勝谷 今、そういう躾《しつけ》ができているのはどこかと言ったら、自衛隊なんですよ。田母神さんの人気も、そこでしょう。キャーキャー言ってる女性ファンは、彼の思想や発言ではなく、まずは今どきの男には珍しい姿勢や喋り方を格好いいと感じているんです。もちろん、自衛隊には頭の中身もしっかりした人が大勢いますよ。僕は最近、田母神さんと一緒に自衛隊幹部と座談会をして『国防論』(アスコム)という本を作ったんです。一人は、阪神・淡路大震災で出動を断られた中部方面総監の松島さん。もう一人は、海上自衛隊の統幕学校副校長まで行った川村さん。昔の言葉でいえば、提督と将軍です。彼らに「国を守るとはどういうことですか」と質問したら、田母神さんを含めた三人が口を揃えて、「政治家はよく国民の生命・財産を守ると言うけど、そんなこと言うからダメなんだ」と言っていました。「国とは生命・財産のことではない。それ以上の、国民の魂が受け継いできたものである」というんですね。生命・財産を守るだけなら、たとえば支那が攻めてきたら白旗を振ればいい。命だけは助けてくれるし、財産は没収されないかもしれない。しかし、そのときに失われるものがあるわけで、それを自衛隊は守っている。

高森　それは原理的にまったく正しいですよ。自衛隊に「国民の生命・財産を守れ」と言う人は、「おまえらは給料をもらってるんだから、俺たちが生きるために自分の命を投げ出せ」と言っていることになりますよね。でも、そうじゃない。生命や財産を超えたもののために、自衛隊は生命を投げ出すんです。それはわが国の主権であり、国体でしょう。

勝谷　阪神・淡路大震災で伊丹の駅が崩れたとき、小隊長は「自分が入るしかないな」と思ったらしいですよ。今の自衛隊では、部下に対して、死ぬかもしれないところへ「行け」とは命令できない。誰も骨を拾ってくれないわけですからね。でも、そのとき下士官たちは「自分が行きます。小隊長はそこで指揮を執ってください」と言ったそうです。もう一つ、沖縄の101航空隊のお話もしておきましょう。これは陸上自衛隊の航空隊なんですが、彼らは離島の多い沖縄で救急医療も担っている。しかし、彼らが飛ぶのは嵐など気象条件の悪いときが多いわけですよ。だから、しょっちゅう殉職してるんですね。だけど、誰も転任を望まない。そういうことを新聞は一行も書きません。

高森　日本は軍刑法がないから、極端な話、突撃命令を断っても、普通の国なら死刑になるところを、七年以下の懲役か禁固で済むんです。死地に赴くよりは七年以下の懲役のほうがいい、という判断もあり得ますよね。しかし彼らは、それでも命令を断らず、死を恐れないで行く使命感を持っているわけですよ。そういう隊員一人一人の士気に日本の命綱が預けられていることを、日本人は気づいていません。

「軍は暴走するもの」という神話

富岡　田母神論文への政治家の対応も本当にひどかった。シビリアンコントロールとは軍の財政コントロールのことなのに、そのマジックワードを使って政治家が自衛隊の人事にまで介入したわけです。

長谷川　女性の立場から言わせていただくと、「本当の男」にコンプレックスを持つ男たちが持ち出すのが「シビリアンコントロール」という言葉のような気がしますね。飛んだら命が危ないときでも平気で飛び立っていくのが、本当の男でしょう。男でない男たちは、そういう男に嫉妬する。それで、本当の男を引きずり下ろすためにシビリアンコントロールとか言う（笑）。

高森　石破茂元防衛庁長官は、「シビリアンコントロールには二つの意味がある」と言いました。一つは「軍による安全」で、軍をコントロールして国民を守る。もう一つは「軍からの安全」で、軍を押さえて国民を守ることだそうです。軍は国民にいつ鉄砲を向けるかわからないという前提がそこにはある。

小林　軍隊は暴走するものだという神話があるから、田母神論文みたいなものが出てくると過敏に反応してシビリアンコントロールとか言い出すんだよ。だけど、軍は金がなきゃ何もできないわけで、予算をつけないと暴走もできない。戦争中も、帝国議会がつけた予算の範囲内で動いていた。政治家やマスコミを含めた国民が軍隊を圧倒的に支持したからこそ、そういう予算がついたわけでしょ。

勝谷　もし当時の日本が失敗したとするなら、それはシビリアンコントロールが失敗したわけでも、シビリアンコントロール先の軍が暴走したわけでもなくて、シビリアンである政治家が失敗したんですよ。そのシビリアンを選んだのは国民ですから、結局は国民による失敗。こんなの小学生でもわかる理屈ですよ。

高森　ところが「軍は暴走する」という神話によって、日本には国防をめぐる非常に不思議な状況が生まれた。ふつうは自国の軍隊が強いと国民は安心するんですが、日本人は自衛隊が強くなると不安になるんですね。だから、政治家が自衛隊の強大化を監視するのが文民統制だと考える。近隣の中国の軍隊がムチャクチャ強大化しても平気なのに。きわめて倒錯した発想です。

勝谷　兵庫県知事は、中部方面総監や伊丹の師団長の表敬も一度も受けていなかったそうですね。「あんな連中と握手ができるか」ということでしょう。阪神・淡路大震災のとき、それまで自衛艦は神戸港に一度も入れてもらえなかったから、海からも救助に行けなかったんです。連絡コースも一切なくて、自衛隊が無線連絡を試みても、まったく無線が飛ばない。これは平時からやっておく必要があるのに、自治労が反対して調査をさせなかった。

長谷川　自国の軍隊が怖いという倒錯が起こるのは、「悪いものは全部内側にある」という枠組みで物事を考えるせいもあります。戦後の日本は、外部の敵を想定する発想をシャットアウトして、内側にばかり目を向けてきた。

勝谷　それは、冷戦構造の中で非常にわかりやすい図式が作られてきたせいもありますね。かつてはソ連だけが外部の敵として怖かったんですが、あまりに強大な国なので、「どうせ僕たちは何もできないさ」という軍事的な無力感が生じた。それを左翼が巧妙にすり替えて、「どうせ抵抗しても無駄だから、私たちは憲法九条を守って周辺国民の厚意にすがっていきましょう」という話にしたんです。

アメリカへの幻想と期待によりかかる日本の現実主義

富岡　その意味では、冷戦構造の崩壊が大きなチャンスだった。政治家があのタイミングを捉えて、憲法改正や自主防衛や新しい日米関係などのビジョンを積極的に打ち出すべきだったんです。しかし実際には、冷戦体制をそのまま引きずってしまった。

長谷川　冷戦が崩壊したときの日本の政治感情には、複雑なものがあったと思います。というのも、あのとき日本は改めてアメリカの怖さに直面したんですね。ちょうどその時期に湾岸戦争が起きて、しきりにピンポイント爆撃の映像が流された。それで、「もうアメリカには逆らえない」という無力感が日本を覆ってしまったんですよ。しかも「ソ連に対抗するには日本が必要でしょ」というエクスキューズもなくなったから、ひたすら尻尾を振る以外にアメリカに気に入られる道はなくなってしまった。本来はあの機会に「自分たちは独立するぞ」と立ち上がるべきでしたが、それをやればアメリカは容赦なく日本を叩くだろうという恐怖感があったんじゃないでしょうか。

小林　いまだに、何かにつけてアメリカの陰謀論が語られるよね。たとえば中国と歴史認識について戦おうとすれば、「アメリカがそれを許さないぞ」「日米同盟そのものが崩壊するぞ」と言い出す。だから自主独立なんてとんでもない、という話になるわけだ。

富岡　まさに戦後史観から一歩も出ていない発想ですよね。小沢の秘書問題もそうですよ。第七艦隊は不要だとか言ったから、アメリカを怒らせたんだなどと言われる。

小林　そうそう。アメリカの陰謀で検察が動いたとか言われる。とにかくアメリカが恐ろしいという観念があるから、こちらが自主防衛を主張すると、保守派の人間が「日本一国で防衛なんかできるはずがない」と言い出すわけだ。「自主防衛」は「単独防衛」とは違うのにね。日米同盟はあってもいいけど、日本も盾と矛を両方とも備えておくべきだという話。たとえば「いざというときは北朝鮮の核施設の空爆も辞さない」という発言が、周辺諸国に真実味をもって捉えられるような体制だけは作っておこうということだよ。でも今の日本は、それさえやれない。

長谷川　それが、いわゆる「現実主義」の中身ですよね。

高森　目一杯に膨らんだアメリカの幻想に寄りかかるのが「現実主義」の正体です。

富岡　たしかに、冷戦終了後は一瞬だけ「アメリカの一極支配」になった時期があったと思いますが、たちどころに新しい国家主義の時代が始まった。だからこそ、安倍さんが総理になって最初に訪中したのは間違いで、訪米してブッシュと会うべきだったんです。世界の多極化の中で日本が役割を果たすためには、日米同盟の枠を堅持しながら日本の核武装の可能性も議論したい――といったことを膝詰め談判すればよかった。あそこで中国に行ってしまったのが、ボタンの掛け違いでしたね。それは安倍さんの責任というより、外務省の判断ミスだと思いますが。

勝谷　外務省というのは、そういう場面で俊敏に動けるだけの足腰を養っておくために高い給料をもらい、高いワインを飲むのも許されているんですよ。ところが、動きが実に鈍い。たとえばソ連が崩壊した瞬間なんか、北方領土を取り返す大チャンスだったわけです。あの貧乏国が、資源も上がらなくて本当に貧乏になっていた頃ですよ。さすがに領土を金で買うわけにいかないけど、援助や何かと引き替えにすることはできたでしょう。金はそういうときに使うものですよ。

長谷川　文字通り国を買い戻すチャンスだったわけですよね。

勝谷　あのときに「南樺太とクリル諸島で話し合おう」というところから始めるべきでした。そういえば、このあいだ麻生さんがユジノサハリンスクへ行っちゃったから、ビックリしましたよ。ロシアでは、樺太はもちろん、付随するクリル諸島も自国の領土として確定したと報道されているんだから。そこで首脳会談をしてしまったら、相手の言い分を認めることになる。

長谷川　小さい日の丸の旗でも持参して「私はこれをこの地に立てるために来ました」とニッコリ笑ってみせればパフォーマンスとして意味があったかもしれないのに。

軍事オプションなしの日本外交

富岡　結局、政治家が外務省という官僚組織に縛られているから、外交もおかしなことになるんでしょうね。

小林　官僚は、一種の外交テクニックと称して政治家に妥協させるんだよ。「閉じられた窓を開けるためには、こちらが少し妥協の姿勢を見せておきましょう」ということで、それこそ「三・五島返還論」なんかも出てくるわけ。でも相手は、「日本はこっちに譲るつもりだ」としか受け取らない。

高森　外交感覚の決定的なズレが生じるのは、現在の日本が軍事的オプションを最初から視野の外に置いて国際社会と向き合っているからです。だから、現実の世界と触れ合うことができない。触角がない状態で出て行けば、外交音痴になるのも当然でしょう。ほかの国はみんな軍事的オプションを抱えて舞台に乗っているのに、日本だけが丸腰ですから。

勝谷　国際社会では砲艦外交が当たり前だから、背後に砲艦がない奴が出てくると、相手も「この人たち、どうすりゃいいの」と対応に困っちゃう（笑）。それに加えて、情報機関がないことも日本の外交をダメにしていますね。アメリカの陰謀論が出てくるのも、対米情報を探る機関がないからでしょう。北朝鮮の拉致問題にしても、諜報活動を一切していないから、誰がどこで捕まっているのかわからない。これでは、こちらから要求の出しようがないですよ。だから「おまえらが探し出して連れて来い」と要求するしかないわけですが、それに聞く耳を持つ奴はいませんよね。

富岡　本来、外交には武官がいなきゃいけないんですよ。一国の首相の背後には、必ず武官がいる。軍人が外交の一角を占めなきゃいけないのに、戦後の日本にはそれがない。

勝谷　たとえばテポドンが飛んでくるとき、アメリカなら議会の軍事委員会で制服の統幕議長が直接「大丈夫です。これは撃ち落とせます」と説明しますよ。しかし日本は一九六〇年代から現在まで、制服の答弁を許していません。答弁する背広は素人だから、制服は寄ってたかって説明するのに大変だそうですよ。しかも、それに何日もかかる。軍事は反射神経が大事だから、「テポドンはどうなんだ」と訊かれた瞬間に制服が「大丈夫です」と話さなきゃいけないのに、背広が「大丈夫です」と答える頃には、とっくにミサイルが飛んでいるんです。

長谷川　おそらく、制服が苦労するのは、大学教育の責任でもあるんです。たとえば国際政治を勉強するなら、当然、軍事の基本知識が必要でしょう。その常識を大学で身につけた背広なら、複雑な説明も半日で理解するはずです。ところが今の大学教育では、軍事関係のコースや単位がものすごく少ない。以前、われわれの大学で軍事の専門家を非常勤で雇おうとしたら、大学中の問題になって沙汰やみになったことがありました。

勝谷　説明に時間がかかるだけでなく、お金も損してるんですよ。自衛隊の調達も背広がやるんですが、常識がないので、アメリカの軍事企業から一〇倍の値段で買わされたりしている。

制服はみんな「俺なら同じ予算で一〇倍の数を買ってくるよ」と泣いてます。

ムダなODAより軍事に金をかけるほうがよほど安い

小林　外交と軍事は切り離せないという話をすると、左翼は「日本はもともと外交能力がないから、憲法改正で軍隊ができても同じだ」という理屈で反論するんだよね。だけど単純な話、もし北朝鮮に軍事力がなかったら、どういう外交をするんだということだよ。相手に軍事力があるから、こっちは常に怯えなければならない。アメリカやロシアだって、軍事力がなければ何も怖くないわけで。

高森　そんな意見は、刀を差しているがゆえに外交感覚が研ぎ澄まされるという真実を見ていません。「軍隊があってもなくても同じ」では決してない。それに、古代や明治日本の外交を見ても、日本人はもともと外交オンチなんて言えません。戦後の日本人が外交オンチなだけでしょう。

勝谷　コスト的にも、軍事に金をかけるのが一番安い。ODAをばらまくよりもはるかに安上がりです。たとえば原子力潜水艦は、一隻二〇〇〇億円ぐらいで造れるんですね。先ほど紹介した海上自衛隊の川村さんは、「日本に原子力潜水艦が六隻あったら中国は完璧に態度を変えます」と言ってました。中国は「経済をよくするためだ」と言ってバカみたいに空母を造りまくっていますが、東シナ海と南シナ海に日本の潜水艦が遊弋《ゆうよく》していたら、空母なんか絶対に出てこられません。まったく無駄なものを造ったことになるんです。彼らがそれに対抗できる潜水艦を造るには、まだ何十年もかかりますよ。もっと安上がりなのは、核を持つことですけどね。これは独自開発である必要もない。ニュークリア・シェアリングといって、アメリカの核を日本国内に置いて、両方がイグニッション・キーを持てばいいんです。定額給付金として配った二兆円で、うまくすれば原潜と核が両方とも揃っちゃう。そうなったら中国は何も言ってこないから、外務省は楽ですよ。

長谷川　もし民主党が「バラまき反対！」と言って、そういう代案を掲げて総選挙に臨むなら、話を聞いてやってもいいですね（笑）。

富岡　民主党の中でも、たとえば前原さんあたりは、「北朝鮮がミサイルを発射するのが明らかにわかれば、それを事前に叩く可能性も視野に入れたい」と言ってますけどね。ただ、今の民主党は左翼の牙城ですから無理でしょう。

勝谷　ただ僕は、もはや政治家を右か左かで分けることに意味を感じないんですよ。政治家を分類する軸は、一つは頭がいいか悪いか。頭がいいと言っても、まあ、ふつうのレベルならいいですよ。実際には、国会議員としてという以前に、人間としていかがなものかというレベルの人が大勢いますから（笑）。もう一つの軸は、責任を取るか取らないか。この二つで分けていくしかないですよ。たとえば鳩山由紀夫が「日本列島は日本人だけのものではない」なんて言うのも、左翼だからではないと思います。単に、意味もわからずに言ってるだけ。真剣に論ずるような対象ではないですね。

小林　鳩山由紀夫は何もわかってないね。あれは中学生の学級委員ぐらいの感覚。

勝谷　いい大学を出てるのにねえ（笑）。

北朝鮮に対しても白旗上げれば安全という考え方

小林　改憲か護憲かで党が分かれれば政治家の評価もはっきりするんだけど、今は自民党にも左翼にしか見えない奴がいるからな。また福田康夫みたいな奴が主導権を握ったら、最悪だよ。政権交代と同時に政界再編が起こるなら民主党を支持してもいいけど、鳩山代表、岡田幹事長の民主党はあまりにも危険。

富岡　岡田さんは、五人の拉致被害者を北朝鮮に返せと言ってますからね。返す約束で日本に来たんだから、いったん返すべきだと。

小林　拉致被害者といえば、田原総一朗が「横田めぐみさんは死んでいる」とか言って、救う会に抗議されて謝ったよね。だけどあれ、六年ぐらい前から言ってるんだよ。わしが『朝まで生テレビ』に出たときも田原が「外務省の人間がそう聞いた」とか言ったので、CM中に日下部プロデューサーがわしに「あれ、まずいから何とかしてください」と頼んできたの。まだ当時はそうやってプロデューサーが田原の暴走を抑えていたけど、今はやりたい放題。要するに、拉致被害者が死んだことにしたほうが平和条約も結びやすいし、核の危険もなくなるというだけの発想でしょ。それ以外のことはすべて妥協する。

勝谷　それこそ、白旗を掲げれば生命と財産は守られるという考え方ですよ。誇りもプライドも、何もかも捨てている。僕なんか、今の拉致被害者を返してもらうのは当然で、過去に北朝鮮がやってきた犯罪も落とし前をつけてもらわないと困ると思ってますけど。むしろ、こっちが賠償金をもらいたい。

長谷川　戦後、日本が外国に落とし前を請求したことはないですよね。

富岡　対米関係だけでも、原爆や東京大空襲などたくさんありますが。

長谷川　なのに「過ちは繰り返しません」とか書いちゃってね。

高森　あれも、外敵を見ずに自国内に原因を求めている証拠でしょう。

富岡　小野田寛郎さんが広島を訪ねてあれを見たとき、「これはアメリカが書いたの？」と言ったそうですけどね。それこそむしろ当然の反応ですよ。

長谷川　外国に何かを要求するにしても、せいぜい「悲惨さをわかってください」という言い方ですよね。あれは甘ったれもいいところで、本来は「わかってくれとは言わないから、とにかく頭を下げろ」と言わなきゃいけない。その姿勢がなければ、外敵とつき合うことはできません。

勝谷 僕は「日本は唯一の被爆国だ」という理屈も理解できないんですよ。「うちは火事を出しましたから、お宅も火の元には気をつけてください」なんて言ってあげても意味がないし、チベットや新疆《しんきょう》ウイグルの人たちと連帯する身としては、あの言い方は実に失礼です。支那やロシアの核実験で、彼らも被爆していますから。ところが左巻きの連中は、一方で「少数民族の人権を守れ」とか「世界との連携が大事」などと言いながら、一方で「被爆者は俺たちだけ」と言う。おまえら、他国の被爆者は切り捨てるのかと言いたい。

長谷川 外国の被爆者たちに向かって、「あなたたちの被害は不作為の事故によるものですが、私たちは戦時国際法違反による虐殺の被害者だから立場が違います」と言って区別するならいいですけどね。

公の言葉を持てない言霊の国の政治家

高森 自分たちが被爆国だと言うなら、「だからこそ二度と同じ悲劇が起きないように核武装の可能性を議論します」というのが常識的な筋道ですよね。もし昭和二〇年の時点で日本が核を持っていたら、アメリカは絶対、原爆投下なんてできなかったわけだから。

長谷川　もし本当に世界全体を非核化するなら、まずは最初に原爆を使用したアメリカを徹底的に告発、断罪して、保有する核兵器をすべて差し出させなきゃいけない。さらにロシアや中国のほか、どさくさに紛れて核を持った連中にも「全部出せ」と要求する。それ以外に世界中を非核化する道はありません。

小林　結局、核廃絶なんて誰も本気で言ってない。単に自分の印象を良くするための言葉にすぎないでしょう。何の現実性もない話だよ。それこそ現実主義で考えるなら、どこの国が核保有を許されるのかを論議しなきゃならない。

富岡　それも含めて、政治家が公の言葉を失っていますよね。たとえば福田康夫は、靖国参拝について「相手の嫌がることはしない」と言いました。プライベートな場ではそういう言葉遣いをしてもいいだろうけど、あれはパブリックな場面で政治家が使う言葉ではない。漢字が読めないことより、そういう言葉の腑分けができていないことが問題です。

小林　それもこれも、平和主義が浸透しすぎた結果なんだろうな。外交も、とにかく平和条約を結べばいいと思ってる。台湾を切り捨てて平和条約を結べば、中国と戦争をせずに済む。北方領土をいくらか渡して平和条約を結べば、ロシアとも戦争をしなくて済む。拉致家族を諦めて平和条約を結べば、北朝鮮とも戦争にならない。竹島を渡せば韓国とも仲良くできる。全部、その考えで押し進んでるわけだ。平和のために、こっちはすべてを諦めて妥協しようという話。

勝谷　でも、平和条約で止められた戦争は歴史上にないでしょう。そんなもの、一方的に破棄すればいいんだから。現に一九四五年の八月、ソ連は不可侵条約を破って日本に攻め込んだ。あれだけひどい目に遭っておきながら「お札《ふだ》を貼っておけば安心」と思ってるんですから、妄想的平和主義としか言いようがない。

小林　たとえ中国と平和条約を結んでも、核ミサイルをこっちに向けてる以上、単なる友好国ではなく、敵性国家なんだよ。それが理解できないから、たとえばＮＨＫも中国に寄り添った番組作りをする。

高森　政治は二枚腰、三枚腰でやるべきなので、面と向かって「おまえは敵だ」と言う必要はありませんが、「仲良くやりましょう」というポーズを取る一方で、明日にでも北京を落とせるだけの準備はしなきゃいけない。アメリカに対してもいつまでも忠犬ハチ公でいいわけがない。今やアメリカにおける日本の存在感は落ち込む一方なのに、日本におけるアメリカの存在感はますます大きくなっている。こんなアンバランスな状況では、日本がまともな国に戻れるはずがありません。ですから、安倍政権が「戦後レジームからの脱却」を掲げてここに手をつけようとしたのは間違っていなかったんです。

富岡　しかし訪米はしなかった。

高森　そうなんですよ。少しでも対米自立を進めたいなら、まずは向こうに乗り込み、それこそ二枚腰、三枚腰で「アメリカの国益にも合う形で、新しい路線を進めていきます」と紳士的に仁義を切ればよかった。アメリカは、第二次世界大戦のときから中国認識を間違ってるんですよ。日中が泥沼に陥った大きな責任は、援蔣ルートで後ろから援助したアメリカにある。その結果、大陸はソ連圏の中華人民共和国になり、朝鮮半島も半分はソ連のものにしてしまった。あれは全部、アメリカの対中認識の甘さが原因です。それを今また繰り返そうとしている。

富岡　そういうことも、ブッシュにきちんと話すべきでしたね。

長谷川　外に向かって発言ができないという意味でも、公の言葉が欠如している。

勝谷　だから僕は、文学者や哲学者たちに、もっと政治の世界で言葉を発してほしいんですよ。たとえばフランスのドピルパンは詩人ですから、圧倒的に強いアメリカに対して、言葉の力で堂々と切り結ぶ。小さな国家でも、政治家が立派な演説をすれば一目を置かれるんです。日本は言霊の国なんだから、もし憲法九条が大事で、武装せずにやっていくつもりなら、それを堂々と開陳できる言葉の力を持てばいい。それなのに「私たちは唯一の被爆国ですからぁ」としか言えない。

小林　憲法九条護持と言うなら、同時に「われわれ日本国民は皆殺しになる覚悟までしていますす」と言うべきなんだよ。「侵略の可能性も当然あるでしょうが、その場合は全員玉砕でいいです」と言える政治家がいるなら、それはそれで立派だと思う。

富岡　「われわれは武士の国ですから、そのときはみんな座して死にます」と（笑）。

小林　そうそう。諸外国にも「どうぞ侵略してください。あなた方が入ってきたが最後、われわれは一人残らず死ぬまで戦います。軍事は持ちませんが、竹槍で戦いますよ」と宣言する。政治家がそう言ったときに、日本の国民はどんな反応をするか見てみたいね。「いや、そこまでの覚悟はできないから、やっぱり軍備を持ってください」と言うのか、それでも九条を守ると言い続けるのか。

勝谷　「九条を守れ！」と叫びながら、小学校では竹槍を持って軍事教練をやるわけだ。

小林　今日はみんなでゲリラ戦の練習をしましょう、と。

勝谷　カルト国家だね（笑）。

長谷川　でもたしかに、さらしを胴に巻いて「さあ殺せ！」と道の真ん中で大の字になるような九条論なら、公の言葉になり得ますよ。

高森　ところが現実には、あのピースボートさえソマリア沖で海上自衛隊に護衛を頼む。

勝谷　あれだけ自衛隊の海外派遣に反対していながらね。まあ、彼らは「あれは船舶会社が依頼しただけで、われわれが頼んだわけではない」という屁理屈をこねるんですが。

高森　それが嫌なら、断ればいいんですけどね。

勝谷　海賊が近寄ってきたら、自衛隊は「じゃあね」と立ち去ればいい。

小林　「どうぞ話し合いで解決してください」と言ってね。自衛隊も、そのぐらいの皮肉を言ってやればいいのにな。

歴史認識と表裏一体の憲法改正

長谷川　自民党の憲法改正案を見ると、売りっ放しにしてきた日本の国体を取り戻そうという意識はほとんどありませんよね。辛うじて、憲法第九条の第二項を削るところだけが唯一の拠り所。それさえ、今の政権では議論にもならない。次の選挙ではそれを前面に掲げてほしいけれど、自公連立政権では無理だろうなぁと思います。

富岡　これは平沼赳夫さんが言っていましたが、自民党の憲法調査会は現行の日本国憲法を肯定するところから出発しているんですよ。だから、三島由紀夫が主張したような意味の憲法改正ではない。現憲法をいかに補完するかという発想なんです。若い世代には「われわれは日本国憲法によって育ってきた」という思い込みもあるようで、それが前提になっているんですね。

高森　彼らは「憲法を変えて一人前の国になるんだ」と言いますが、そのためには歴史認識にもこだわらないんですね。この憲法改正を、中国にも韓国にも拍手で受け入れてもらうためには、土下座でも謝罪でも何でもやる。それを何度でも繰り返す。そうやって、日本が過去と手を切った証を立てればいい、というわけです。そういう改憲論に与《くみ》するのか、そんな小手先の憲法改正ではなく、憲法と歴史認識、つまり連合国史観をセットで問題にするのか。これが現在、最大かつ唯一のアクチュアルな政治課題だと思います。ここを回避してやっている議論は、すべて誤魔化し。たとえばソマリアの海賊対処法にしても、憲法改正でふつうの軍隊を持てば、あんな法律は不要です。憲法を改正すれば、一つ一つの細かい変則立法は必要ない。それを先延ばしさせている根源が、歴史認識の問題なんですよ。ただ単に、謝罪は相手国に外交カードを渡すだけ、という以上に、歴史認識の歪みがあるから、自衛隊が敵視される。強い自衛隊を持てばまた侵略戦争をするし、国民に銃口を向けるというわけです。この神話を残したままで憲法を改正しても、それはダメですよ。

長谷川　自民党の新憲法草案が日本国憲法に全面的に依拠してることは、その前文を読めばわかりますよね。「日本国民は自らの意思と決意に基づき、主権者として、ここに新しい憲法を制定する」「象徴天皇制は、これを維持する。また、国民主権と民主主義、自由主義と基本的人権の尊重及び平和主義と国際協調主義の基本原則は、不変の価値として継承する」などと書いてある。これでは、九条の二項を削ってもダメでしょう。

高森　ですから、今の自民党路線なら変えないほうがいいんです。歴史認識に手をつけずに、国際情勢対応で憲法をいじればいいという発想でやっているかぎり、決して売られた日本を買い戻すことはできません。

富岡　九条だけではなく、一条の天皇制の問題もありますからね。それも含めて考えれば、「改悪」になる可能性は十分にあると思います。

小林　軍隊もさることながら、天皇や皇室も危険なものだという認識があるんだよね。だから、今の憲法ではまだ国民主権が確立していないと思ってる連中は大勢いる。

長谷川　それは、日本人が日本の歴史を知らないということですよ。

高森　これまでの改憲に向けた政治的取り組みの根本的なミスは、何が憲法を維持してきたのかを見なかったことです。現行憲法は、まず冷戦構造下の日米安保条約によって外部から支えられていた。そして、国内でこれを支えてきたのは連合国史観、すなわち東京裁判史観です。だから、これを維持したままで真の意味の憲法改正はできない。それなのに、歴史認識に手をつけるという問題意識を十分に持っていなかったんですね。東京裁判史観こそが護憲復元力の源泉だったことを、見極めてなかった。これは、戦後政治家の洞察力の欠如だと思います。

小林　憲法問題と歴史認識問題が表裏一体であることは、驚くほどわかってないよね。

高森　政治家も戦後生まればかりになって、武装解除されて丸腰にさせられた敗戦の場面をリアルに想像できない世代になったせいもあるんでしょうね。国を売り渡す危険をも承知しながらあえて「万世のために太平」を開くギリギリの綱渡りのような決意をした歴史の情景が忘れ去られようとしている。

小林　だからこそ、ここで話してきたことが政治家に刺激を与える結果になってほしいね。多くの国民に、「国体とは何か」「売国とは何か」ということを、改めて考えてもらいたいよ。それによって日本人が歴史を取り戻せば、政治家の意識も変わるでしょう。「売国政治家」として名前が挙がるのを恥ずかしいと思う感情を政治家が持たないかぎり、売られた国は永遠に戻ってこないんだから。

勝谷誠彦
かつやまさひこ

一九六〇年、兵庫県生まれ。コラムニスト、写真家。早稲田大学第一文学部卒業後、文藝春秋入社。「週刊文春」「文藝春秋」「マルコポーロ」編集部等を経て一九九六年フリーに。現在、「週刊スパ!」の巻頭コラム「ニュースバカ一代」、有料配信メール「勝谷誠彦の××な日々。」(katsuyamasahiko.jp)が大人気。著書に『偽装国家』『バカが国家をやっている』『麺道一直線』、『国防論』(田母神俊雄氏らとの共著)等がある。

高森明勅
たかもりあきのり

一九五七年、岡山県生まれ。神道学者、歴史家。國學院大學日本文化研究所研究員、拓殖大学日本文化研究所客員教授などを歴任。保

守派の論客として、また「日本文化チャンネル桜」キャスターとしても活躍。著書に『謎とき「日本」誕生』『天皇から読みとく日本』『はじめて読む「日本の神話」』『この国の生い立ち』『歴史から見た日本文明』『歴代天皇事典』等がある。

富岡幸一郎《とみおかこういちろう》

一九五七年、東京都生まれ。文芸評論家、関東学院大学文学部比較文化学科教授。大学在学中の七九年に論文「意識の暗室　埴谷雄高と三島由紀夫」で第二二回群像新人文学賞評論部門優秀作を受賞。保守論客としても「表現者」「正論」「諸君!」などにたびたび寄稿。著書に『スピリチュアルの冒険』『温泉小説』『新大東亜戦争肯定論』『非戦論』『内村鑑三』『使徒的人間――カール・バルト』等がある。

長谷川三千子《はせがわみちこ》

一九四六年、東京都生まれ。埼玉大学教養学部教授。東京大学文学部哲学科卒業。同大学大学院博士課程修了。専攻は哲学。一九九六年、『バベルの謎――ヤハウィストの冒険』で和辻哲郎文化賞を受賞。他の著書に『からごころ』『民主主義とは何なのか』『正義の喪失』『長谷川三千子の思想相談室』等がある。

第2部

10人の売国政治家を検証する！

第1位 河野洋平

——単なる談話で日本を「性犯罪国家」に貶めた

八木秀次

証拠もないのに慰安婦問題を内外に謝罪した河野談話

なぜこのような人物がいまだに衆議院議長の要職を務めているのか。それも在任期間は憲政史上最長だという。

この政治家の売国の〝罪状〟は数知れない。中でも1993年8月4日、宮澤喜一改造内閣の官房長官として発表した「慰安婦関係調査結果発表に関する河野官房長官談話」（いわゆる「河野談話」）は、広く世界に日本が〝性犯罪国家〟であることを印象付けた。

河野の名前は最長の在任期間を記録した衆議院議長というよりは、この「河野談話」を発表した売国政治家として歴史に刻まれることになろう。

「河野談話」の一部を挙げてみよう。

「慰安所は、当時の軍当局の要請により設営されたものであり、慰安所の設置、管理及び慰安婦の移送については、軍の要請を受けた業者が主としてこれに当たったが、その場合も、甘言、強圧による等、本人たちの意思に反して集められた事例が数多くあり、更に、官憲等が直接これに加担したこともあったことが明らかになった。また、慰安所における生活は、強制的な状況の下での痛ましいものであった」

「いずれにしても、本件は、当時の軍の関与の下に、多数の女性の名誉と尊厳を深く傷つけた問題である。政府は、この機会に、改めて、その出生地のいかんを問わず、いわゆる従軍慰安婦として数多の苦痛を経験され、心身にわたり癒しがたい傷を負われたすべての方々に対して心からお詫びと反省の気持ちを申し上げる」

「われわれはこのような歴史の真実を回避することなく、むしろこれを歴史の教訓として直視していきたい。われわれは、歴史研究、歴史教育を通じて、このような問題を永く記憶にとどめ、同じ過ちを決して繰り返さないという固い決意を改めて表明する」――。

如何であろう。慰安婦の日本の官憲等による強制連行を「歴史の事実」として認め、全面謝罪したばかりか、歴史教育を通じて永久に国民の記憶にとどめるというのだ。

言うまでもなく、これらは歴史の事実ではない。1997年3月12日、参議院予算委員会で、平林博内閣外政審議室長は「政府の発見した資料の中には、強制連行を直接示す記述は見当らなかった」と答弁している。宮澤内閣の官房副長官だった石原信雄も「随分探したが、日本側のデーターには強制連行を裏付けるものはない。慰安婦募集の文書や担当者の証言にも、強制にあたるものはなかった」と述べている（『産経新聞』1997年3月9日付）。

河野自身も、講演会で「女性を強制的に徴用しろといいますか、本人の意思のいかんにかかわらず連れてこい、というような命令書があったかといえば、そんなものは存在しなかった。調べた限りは存在しなかったということは申しあげていいと思うんです。『資料がなかった』ということは事実としてはっきりさせておかなければいけない」と語っている（『WiLL』2007年5月号）。

ご覧の通り、当の河野までが何の物的証拠もないと認めているにもかかわらず、官憲等による慰安婦の強制連行を謝罪し、「歴史の事実」として永く記憶にとどめると内外に宣言したのがこの「河野談話」なのである。

談話はこのような代物であるが、河野は官房長官の立場として形式上この談話を発表したのではない。文言の作成にも直接関わっており、当然、本人の信条とも一致している。しかも、この談話は宮澤内閣が総辞職する直前に出された「イタチの最後っ屁」のようなものだった。卑劣というほかかない。

「河野」に先立つ「加藤談話」

そうに言っても、「河野談話」の全責任を河野に帰するのは気の毒というものかもしれない。実は「河野談話」にはそれに先立つ「加藤談話」なるものが存在し、それを継承・発展させたものなのだ。加藤とは加藤紘一のことだが、同じ宮澤内閣の前任の官房長官である。

その加藤官房長官は、1992年1月13日、記者会見で慰安婦問題に関して次のように述べた。

「今回発見された資料や関係者の方々の証言やすでに報道されている米軍等の資料を見ると、従軍慰安婦の募集や慰安所の経営等に旧日本軍が何らかの形で関与していたことは否定できないと思う。この機会に改めて、従軍慰安婦として筆舌に尽くし難い辛苦をなめられた方々に対し、衷心よりおわびと反省の気持ちを申し上げたい」（要旨）

加藤がここで「今回発見された資料」というのは、『朝日新聞』同年1月11日付に掲載された、中央大学の吉見義明教授が防衛庁の保管文書から発見した軍の関与を示したとする資料のことである。しかしながら、これは日本軍が悪徳な民間の人さらい業者などの横行を懸念して、警察と協力して取り締まるよう命じた文書に過ぎない。

加藤はこれを鵜呑みにして「従軍慰安婦の募集や慰安所の経営等に旧日本軍が何らかの形で関与していたことは否定できないと思う」と述べているのである。いまだに訂正すらしていない『朝日新聞』の記事も記事だが、裏付けもなく内閣官房長官として日本軍の関与を断定的に認定した加藤の罪は重い。

さらに加藤は、同年7月6日、改めて「朝鮮半島出身者のいわゆる従軍慰安婦問題に関する談話」（いわゆる「加藤談話」）を発表した。

その主な部分を見てみよう。

「慰安所の設置、慰安婦の募集に当たる者の取締まり、慰安施設の築造・増強、慰安所の経営・監督、慰安所・慰安婦の衛生管理、慰安所の関係者への身分証明書等の発給等につき、政府の関与があったことが認められるということである」

「政府としては、国籍、出身地の如何を問わず、いわゆる従軍慰安婦として筆舌に尽くし難い辛苦をなめられた全ての方々に対し、改めて衷心よりお詫びと反省の気持ちを申し上げたい。また、このような過ちを決して繰り返してはならないという深い反省と決意の下に立って、平和国家としての立場を堅持するとともに、未来に向けて新しい日韓関係及びその他のアジア諸国、地域との関係を構築すべく努力していきたい」――。

ご覧の通り、官憲による強制連行という「河野談話」の肝の部分はないが、それ以外については「河野談話」の趣旨はほぼここに示されている。

「加藤談話」も「河野談話」も、ともに、今日もなお、外務省のホームページに掲げられている。日本政府は旧日本軍や当時の政府が女性を強制連行し、「いわゆる従軍慰安婦として筆舌に尽くし難い辛苦をなめ」させたと内外に表明しているのである。

天皇訪中という宮澤内閣の大罪

こう見てくると、宮澤内閣の罪はこの上なく重いと言わなければならない。官房長官談話は政府の公式見解である。内閣としてわが国が性犯罪国家であると認定したのである。宮澤喜一はすでに故人となっており、死者に鞭打つことは日本人の道義に反するとの思いはするものの、一番指弾されて然《しか》るべきは内閣総理大臣であった宮澤ということになるであろう。

ついでながら、慰安婦問題と並ぶ宮澤内閣の大罪を挙げておこう。天皇皇后両陛下のご訪中である。1992年10月のご訪中は、1989年6月の天安門事件以降、各国の経済制裁に遭い、困っていた中国が国際社会に復帰するきっかけを作った。国内には大きな反対の声があったが、それを抑え、実現させたのが宮澤内閣だった。宮澤は後に天皇は政治利用するものだと開き直り、中国側も国際社会への復帰のために天皇皇后両陛下のご訪中を利用したのだと、その事情を明らかにしている（当時の中国外相、銭其琛の回顧録『外交十記』）。

皇室の関係者から仄聞《そくぶん》するところによれば、天皇陛下は今ではご訪中なさったことを後悔されているという。ご自身が訪中すれば、中国の反日感情は収まると聞いて訪中したのに、収まるどころか反日感情は高まるばかりではないか。自分は利用されたのだ、と2005年春に中国全土で起こった反日暴動の際に嘆いておられたという。

誠に恐れ多いことだが、証拠もないのに簡単に慰安婦の強制連行を認めることと天皇を軽侮する姿勢とには通底するものがあり、宮澤内閣の体質がうかがえる。売国内閣と言ってよかろう。

そもそもフィクションから生まれた慰安婦強制連行説

話を戻すが、この数年、2007年8月のアメリカ連邦議会下院本会議での対日非難決議等、各国で慰安婦問題に関する対日非難決議が相次いでいる。しかし、その根源は「加藤談話」と「河野談話」にある。日本政府がそう言っているのだから無理もない。わが国は性犯罪国家でございますと、虚偽の宣伝をし、そのように世界の人々に印象付けた河野や加藤、宮澤の罪は限りなく深く重い。

なお、「河野談話」は慰安婦関連の訴訟でも、裁判所が判断する際の根拠になっている。1998年4月27日、元慰安婦3人と元挺身隊員7人の計10人の韓国人女性が日本政府に総額5億6400万円の損害賠償と公式謝罪を求めた訴訟（関釜裁判）で、慰安婦に関するわが国司法の初の判断がなされた。山口地裁下関支部は請求の一部を事実認定し、「河野談話」の後、国会議員に賠償立法の義務が生じたとし、国の立法義務、立法の不作為を認め、国に対し、

「慰安婦」一人あたり30万円の支払いを命じたのである。河野自ら裏付ける「資料がなかった」と認めているこの「河野談話」が強制連行の証拠と認定されたのである。もっとも、この裁判の控訴審判決（2001年3月29日、広島高裁）は、一審判決を破棄し、最高裁への慰安婦側の上告も棄却され（2003年3月25日）、最終的には慰安婦側の敗訴が確定している。

わが国で慰安婦問題が政治課題となったのは1990年代のことであった。70年代から千田夏光の『従軍慰安婦――〝声なき女〟八万人の告発』（1973年）や吉田清治の『朝鮮人慰安婦と日本人――元下関労報動員部員の手記』（1977年）などの著作が知られてはいたが、本格的に政治課題に発展したのは、『朝日新聞』がこの問題を積極的に取り上げるようになった90年代になってのことである。しかし、韓国では60年代の終わりにすでにこの問題は一般にも知られていたようだ。

ソウル大学教授の李榮薫教授の『大韓民国の物語――韓国の「国史」教科書を書き換えよ』（2009年）によれば、1969年に金廷漢という小説家が『修羅道』という小説を発表したが、そこに書かれた「やつらの言葉では電力の増強のための『女子挺身隊』というものであるが、日本の静岡だったか、どこかにある飛行機の落下傘を作る工場と、また何かの軍需工場に就職させたという。しかし実際にそこに行った者たちから漏れ伝えられた風聞によれば、ことごとく日本の兵隊の慰安婦として中国の南方に連れて行かれたということだった」という記述などが女子挺身隊を慰安婦として描写し始めた最初の事例であるという。李が述べる次の指摘は重要である。

「金廷漢は小説家ですから、歴史家のように当時の事情を……詳しく知りませんでした。彼が知っているのは、当時、赤い令状が朝鮮人を対象にして出されたという事実、女たちが挺身隊として出て行った事実、そして慰安婦として連れて行かれた女たちがいたという事実などです。彼は場所や時間をことにするこれら三つの事柄を、彼自身も当時の記憶が薄れつつある時期である一九六九年に至って、難なく一つにまとめたのでした。ですから、前出のように『赤紙』が出された『女子挺身隊！　日本兵の慰安婦！』という歴史的な『事実』が生まれたのです。まさしく、もっともらしく書かれた小説だったのです。とはいえ小説の力を甘く見てはいけません。日本の植民地支配に対して怒る国民たちの心に、小説の内容はあたかも事実であるかのように受け取られるしかなかったのです。挺身隊を慰安婦であると考える国民の集団記憶は、このように作り出されはじめたのではないでしょうか」

要するに慰安婦強制連行説は小説家がいくつかの事実を無理に結び付けて創作したフィクションだというのである。どうやっても裏付ける資料や証拠が見付からないのは当たり前である。河野ら当時の政府関係者は、この小説から始まる作り話にまんまと乗せられて日本を内外に性犯罪国家であると認める暴挙を行ったのである。このような内外の誤解や混乱をなくすためにも、一刻も早く、「河野談話」に代わる、言葉の正しい意味での「歴史の事実」に基づいた新たな政府見解を発表すべきである。

一貫して軸足が日本にない政治家

河野はまた、一貫して中国側の立場に立ったような政治姿勢を示し続けている政治家でもある。

例えば、日本軍が大東亜戦争の敗戦後、ソ連軍や中国軍に武装解除されて引き渡した化学兵器について、これは日本軍が中国大陸に遺棄した兵器であるとして、宮澤内閣以来、その処理の責任は日本側にあるとの立場を取ってきた。

村山富市内閣の外務大臣時代にも「旧軍のものであるとはっきりすれば、当然我国がそれを処理する義務、責任があるというふうに思います。これは、化学兵器禁止条約のみならず、日中共同声明その他の精神からいっても、誠意を持ってこの処理をいたすべきものだというふうに考えます」（1995年4月11日参議院予算委員会）と答弁している。

しかし、日本軍は武装解除されて武器を引き渡したのであり、その所有権は当然、ソ連や中国にある。また、それゆえ、処理の責任も彼らにある。

日本政府の内部にも中国側が主張する「遺棄兵器」には当たらないとの見方があったが、河野が武装解除で引き渡されたことを証明する書類がないとして、日本による処理を推進したという（『産経新聞』2005年8月3日付）。

慰安婦問題では強制連行を証明する書類がないのに官憲等による強制連行を認め、「遺棄兵器」問題では書類にこだわる。ダブルスタンダードもいいところだが、河野が日本に軸足のない政治家であることだけは一貫している。この問題、日本側に処理責任があるとして、未来永劫、莫大な金額を中国側にむしり取られる道筋を作ったのは他ならぬ河野である。

2001年、台湾の李登輝前総統（当時）の訪日問題が持ち上がった際、河野は中国側からの強い抗議を受けて、自らの外務大臣辞任をほのめかしてまで李前総統の入国ビザの発行に反対している。他方、1995年、バンコクで行われた東南アジア諸国連合外相会議に出席の途上、台風の影響で乗っていた飛行機が台湾に緊急着陸した。その際、飛行機から一歩も降りず、緊急着陸でお世話になった台湾当局に給油の謝辞さえ述べずそのまま離陸した。話はこれで終わらない。その後、バンコクで会った中国の銭其琛外相には「私は台湾の土を踏みませんでした」と伝えたという。一貫していると言えば言えるが、そのかたくなさに不自然なものを感じざるを得まい。

当然、河野は首相の靖国神社参拝には一貫して反対している。2005年5月31日、小泉純一郎首相（当時）の靖国神社参拝を阻止すべく、中曽根康弘、細川護煕、羽田孜の元・首相らに電話で個別に対談し、6月1日には衆議院議長公邸に森喜朗、海部俊樹、宮澤喜一、村山富市、橋本龍太郎の5人の首相経験者を集めて靖国神社参拝自重を申し合わせている。要するに小泉首相の靖国神社参拝を阻止するためにリーダーシップを発揮したということである。

その上で、毎年の8月15日の全国戦没者追悼式では衆議院議長追悼の辞として余計なことばかりを述べる。2006年には「戦争を主導した当時の指導者たちの責任をあいまいにしてはならない」と戦争責任に言及し、2007年には「日本軍の一部による非人道的な行為によって人権を侵害され、心身に深い傷を負い、今も苦しんでおられる方々に、心からなる謝罪とお見舞いの気持ちとを申し述べたいと思います」と日本軍の加害について述べている。

ここで言及している「日本軍の一部による非人道的な行為によって人権を侵害され、心身に深い傷を負い、今も苦しんでおられる方々」には慰安婦も含まれるのであろう。根拠もなく「河野談話」を発表し、国を売ったことに対する反省は微塵もない。「河野談話」を発表したのと同じセンスで、毎年8月15日に、戦没者の霊に向かって、あなたたちは性犯罪者ですよ、私が代わって反省し、謝罪しますと述べているのである。傲慢この上ない行為である。

巨悪にすらなれない最悪の売国奴

なお、幻冬舎新書の編集部がこのランキングを作成するに当たって、本書の執筆者に存命中の政治家（政界を引退した者も含む）に限って、売国政治家と思われる政治家を上位5人、順位を付けて名前を挙げるアンケートを行った。その結果、河野が第1位になったということだが、実はアンケート段階では河野を1位にした執筆者は1人しかいなかったという。多くが2位、3位であり、私自身も河野は第2位にランキングした。その河野が総合第1位となったのは、全体の累計数によるものだという。つまり、誰もこの政治家を巨悪だとは考えていないということである。

巨悪ではなく、売国度数も2流か3流。しかし、結果として誰よりも売国度の高い政治家となってしまう。ここに図らずもこの政治家の性格が表れている。恐らく、この原稿で取り上げた様々な事例においても、河野は意図して国を売ろう、国に仇をなそうとは考えていないであろう。善意の不見識ゆえの行動か、韓国や中国との友好関係を考えての行動なのであろう。しかし、結果として国を売る、国に仇をなすことになってしまう。その意味で河野は、戦後の日本社会を代表する人物のようにも思える。河野が売国政治家の総合第1位にランキングされたことは実に興味深い。

河野洋平。またの名を「江（江沢民）の傭兵」という。その名にふさわしい売国政治家は次期総選挙には出馬せず、政界を引退するというが、その遺した〝功績〟は計り知れないものがある。

八木秀次《やぎひでつぐ》

1962年、広島県生まれ。早稲田大学法学部卒業、同大学院政治学研究科博士後期課程中退。高崎経済大学地域政策学部教授。専門は憲法学、思想史。一般財団法人日本教育再生機構理事長、フジテレビジョン番組審議委員。著書に『日本の個性』『人権派弁護士の常識の非常識』『公教育再生』『国民の思想』『国家再生の哲学』『日本国憲法とは何か』『明治憲法の思想』等がある。

第2位 村山富市

――万死に値する「国民見殺し」「自国冒瀆」の罪

高森明勅

大震災でも緊急災害対策本部を設置せず

残念ながら世に非難し糾弾すべき政治家はあまたいる。むしろそうでない人物を探すのに苦労すると言っても決してオーバーではないだろう。

だがその中でも、村山富市社民党名誉党首（元社会党委員長）こそ慙死《ざんし》すべき政治家の最たる一人ではないか。

彼がどんな政治信条をもち、どのようなイデオロギー的立場にあろうと、そんなことはそれこそ思想の自由だから、どうでもよい。

許しがたいのは、国民の生命・財産を守る最高責任者と言うべき首相の地位にあって、国家の一大非常時に直面しながら、べんべんとして無為、不作為のうちに、あたら多数の国民を「見殺し」にしたことだ。

言うまでもなく、平成七年の阪神・淡路大震災での対応の異常さについて述べようとしているのだ。

あの時、じつに六五〇〇〇人もの尊い人命が失われた。負傷者は四万四〇〇〇人。被害総額は九兆六〇〇〇〇億円を超えた。まことに甚大な損失と言うほかない。

しかも問題なのは、時の政府の対応のずさんさだ。単に拙劣、未熟と言うより故意に国民を助けなかったとしか思えないほどの酷《ひど》さだった。

当日、村山首相（当時、以下同じ）が官邸に入ったのはいつか。地震発生からすでに一時間半以上が過ぎていた。着々と準備を整えて、今か今かと出動要請を待ちわびていた自衛隊に、やっと変則異例の「要請」が届いたのは、何と四時間余りがすぎてのこと。

むろん、自衛隊への出動要請の遅れは、第一義的には当時の貝原俊民兵庫県知事の信じがたいまでの無能無策が責められるべきだろう。四時間余り後の出動要請も、防災担当の課長補佐の連絡に対して陸上自衛隊側が「この連絡をもって派遣要請があったと認識してよいか」と問い合わせ、「よろしくお願いします」との回答で「要請」と判断したもの。知事はあとでそれを追認した形だ（この課長補佐はこの後、異動があり左遷と見られている）。知事から海上自衛隊、航空自衛隊への災害派遣要請があったのは、それからさらに一〇時間ほどたってからだった。

しかし、こうした事態を指をくわえて見すごしていた村山首相に何の責任もないとは言えないだろう。しかも初めに陸自への派遣出動命令が下った時、首相の指示で人員は三〇〇〇人に限られたというから呆《あき》れた話だ。

さらに在日米軍から空母インディペンデンスを拠点とした救援活動の申し入れがあったにもかかわらず拒否し、毛布三七〇〇枚のみを受け入れている。

その上、驚かされるのは大震災に対処するための初の緊急閣議が開かれたのが、何と二八時間も経過した翌日だったことだ。ここまで遅延して、一体どこが「緊急」なのか。

こうした災害に対処する際、最も大切なのは初期にどこまで迅速に効果的な手を打てるかだ。右のような体《てい》たらくではほとんど絶望的と言わざるをえない。

後に国会で対応のまずさを批判された村山氏は「なにぶん初めての経験でもございますし、早朝の出来事でもございますから」と信じられないような釈明をおこなっている。脳天気この上ない。恐るべき危機管理意識の欠如である。

こういった対応の欠陥を一々あげつらっていけばきりがない。しかしそうしたデタラメな対応に終始した村山氏のふるまいの中でも、とりわけ常軌を逸していたのが最後まで緊急災害対策本部を設けなかった一事だろう。

わが国の法制上、阪神・淡路大震災のような大規模災害に対し、国が迅速かつ効果的に対処しようとする場合、最も有効な組織がこの緊急災害対策本部だ。当然、国会でもその設置を求める声がくり返しあがった。ところが多くの国民の犠牲を眼前に見ながら、村山首相はついにそれを認めなかった。

これは一体、どうしたことか。なぜ、このような異様なことがおこったのか。

政治信条のために国民を見殺し

村山首相は地震発生後、五時間半もたってではあったが一応、非常災害対策本部は立ち上げている。だがこれは緊急災害対策本部に比べて、権限もスケールもはるかにおちる。

緊急災害対策本部が内閣総理大臣をトップとし、全閣僚をメンバーとするのに対し、非常災害対策本部の場合は一国務大臣がトップにすわるのみだ。村山政権下では小沢潔国土庁長官が本部長になった。しかし、もともと阪神・淡路大震災のような大災害に効果的に対応できる組織ではない。

また三日後には、「緊急対策本部」を立ち上げている。非常にまぎらわしい名称だ。緊急災害対策本部とわずか二字違い。「災害」の二字がぬけている。大災害に対処している最中に、「災害」の二字を冠さない「対策本部」を設ける発想自体不可解だが、何よりこの組織は法的根拠をもっていない。こんな法的性格の曖昧な組織を勝手にこしらえても、強力で実効性のある対策を実施できるわけがない。

村山氏はこんな目くらましのようなことまでしながら、結局、最も有効な緊急災害対策本部を設けなかった。この異常さはどうなっているか。

タネを明かせば、社会党一流の反軍・反自衛隊イデオロギーと、それを支える歴史認識のゆがみが致命的に足を引っぱったためだろう。そう考えるしか説明がつかない。それはこういう事情だ。

緊急災害対策本部設立の根拠となるのは災害対策基本法。この法律は、昭和三四年の伊勢湾台風による甚大な被害（死者・行方不明者五〇〇〇余名、数千億円の被害）を契機に、災害対策の包括法を求める声が高まり、同三六年に成立した。その際、災害対策を実効あるものとすべく緊急災害対策本部の設置にあたっては、首相があらかじめ「災害緊急事態」を布告することとし、同本部の権限も「供給が不足している生活必需物資の配給または譲渡もしくは引渡しの制限もしくは禁止」「災害応急対策もしくは災害復旧または国民生活の安定のため必要な物の価格または役務その他の給付の対価の最高額の決定」等（第一〇九条）について強制力をもちうる強力なものにしたのだった。非常時への対応として当然の措置だろう。

ところがこれに対し、当時の国会では愚かなことに「戒厳令のようなものではないか」「憲法上、許されないのではないか」との根拠のない反発があった。とくに執拗に法案成立に抵抗したのが村山氏が所属していた社会党だ。

「私が心配しますのは、警察、自衛隊の発動がこの非常事態布告によって行われる。戦前の戒厳令式なものが行われるということによって、それにそむく者は〈災害対策基本法〉第一六〇条以下の罰則の適用がやられる」「こういう非常事態の布告をすることによって、自衛隊が当然なものであるというような印象を国民に与えたり……こういう事態の際、これらの働きも合法化するような方向に内閣総理大臣が閣議に諮ってやるということになります」（社会党、二宮武夫議員、〈 〉内引用者の補記。以下同）

「〈緊急災害対策本部が発する〉緊急政令という形態の法令を今の憲法が許すのかどうかという問題が基本的な問題ではないかと思う」「緊急事態に処する方法は憲法自体は予想していなかったのじゃないかと思う」（同、松井誠議員）

今、あらためて読み返してみても、よくも愚にもつかないいちゃもんを並べ立てたものだと、つくづく思う。こいつら住民の生命・財産の保護を何と心得ているんだと言いたくなってしまう。

当時、村山氏はすでに社会党の大分市議会議員だった。だから災害対策基本法への自党の反対論は十分、承知していたはずだ。

村山氏は首相就任にあたり、自衛隊合憲・日米安保堅持などの「政策大転換」に踏み切りながら、阪神・淡路大震災に直面し、国民の悲惨な犠牲をまのあたりにしてもなお「戦前の戒厳令式な」（？）災害緊急事態の布告を避け、「憲法が許すのかどうか」疑問視されるとかねて社会党が主張していた緊急災害対策本部による強力な対処を、最後までおこなわなかったのだ。正気の沙汰とも思えないが。

要は旧社会党の硬直した時代錯誤のイデオロギーのために、多数の国民が「見殺し」にされたということだ。

自衛隊への出動要請の遅延と派遣人員の制限、在日米軍の救援協力の拒絶なども、根っこにあるのは同じものだろう。

かくて阪神・淡路大震災の犠牲の大きな部分は、天災ではなく、村山首相その人の確信犯的な救助放棄による人災だったと言うべきだ。

くり返すまでもない。政治家がどんなイデオロギーを奉じようと、それは自由だ。しかし、首相がみずからの政治信条のために国民を見殺しにすることは、断じて許されるはずがない。

「国民見殺し」の背景にあった歴史認識

では、大震災に直面しながら国民救助に最も有効な手だてを放棄させた旧社会党流の反軍・反自衛隊イデオロギーの根っこにあるものは何か。

それは、「昭和の戦争」をすべて日本の一方的かつ犯罪的な侵略戦争だったとする、いびつな歴史認識だ。

この歴史認識の特徴は、戦争を複数の国家間の国益と主張の錯綜した対立のプロセスとのかかわりで見るという「国際的」な視点をもたないことだ。それから、歴史を現代の価値観の高みから裁くのではなく、当時の基準と実情を踏まえて、過去と「対話」しつつ理解する態度をもたないことだ。

その結果どうなるか。

「昭和の戦争」の原因と責任は、相手の思惑や行動が視野に入っていないのだから、当然もっぱら日本の国内のみに存在することになる。そこで槍玉にあがるのが「軍部の暴走」であり、「政府の失政」だ。

だが本当にそうか。

たとえば一般に支那事変（日中戦争）の発端とされる盧溝橋《ろこうきょう》事件。今や誰しも知る通り、このおこりはシナ側からの発砲によるもの。偶発説と謀略説があって、今のところ前者が通説となっているが、いずれにしても日本軍が先に攻撃したのでないことは確実だ。

しかも当初、日本政府も軍も満州・ソ連国境付近のソ連軍の動向を警戒し、戦闘不拡大、現地解決の方針を堅持していた。じっさいに、いったんは停戦協定も成立している。にもかかわらず日本側に攻撃をくり返し、事態の拡大を招いたのはシナ軍だった。

このあたりの消息について、中国人の林思雲氏は次のように指摘する。「中国側において自発的に戦おうとする意思が高まっている状況では、たとえ日本が戦争を拡大したくなくても、中国側は日本と全面戦争を開始したであろう。事実として、日中間の大規模な戦争が開始された本当の発端は、一九三七年の八月十三日に発生した第二次上海事変である。そしてこの戦闘は、正しく中国側から仕掛けたのである（この日、蔣介石は上海に駐屯していた五千人余りの日本海軍特別陸海隊に対する総攻撃を命令した）」（北村稔氏との共著『日中戦争』）と。

では戦争拡大に突き進むシナ側の最高指導者、蔣介石の意図はどのようなものだったのか。これについては秘書だった周佛海の回想録に貴重な証言が収められている。

「〈当時のシナは〉政府も民間も上から下まで、熱狂的な抗戦の声に包まれていた。……〈中国共産党や軍閥などの反蔣介石勢力は〉抗日が倒蔣（蔣介石を倒す）の唯一の手段だと明瞭に理解していた。彼らは倒蔣のために、全面的持久戦争を叫んだのである。蔣介石先生はこの上なく利口であり……他人の抗日の調子が高くなれば、蔣介石先生の抗日の調子はそれ以上に高まった。蔣介石先生の考えでは、自分の抗日の調子がより高まれば、自分の反対する者を抑えて倒蔣の理由を失わせる。……こういう気遣いとやり方が……反対に自縄自縛となり、自分の望まない道を歩まされることになった」（『回想と展望』）

国内に好戦的な気分がみなぎっている時、本当は戦争の拡大と継続を望まないにもかかわらず、指導者が自分への非難を避けるために、より過激にその場限りの好戦的な姿勢を誇示する。こんなことをやっていれば「自縄自縛」におちいるのは当然。指導者として一番やってはいけないことだろう。「蔣介石先生はこの上なく利口」だったとは到底、思えない。

それはともかく、以上のような当時の実情を知れば、支那事変を日本側の一方的な侵略戦争だったなどと単純に決めつけるわけにいかないのは、もちろんだ。

当時のわが国の立場をよく代弁しているのは『朝日新聞』だろう。盧溝橋でシナ側から発砲をうけた北支駐屯軍の演習について「条約に基く権利」（『東京朝日新聞』昭和一二年七月一〇日付）とし、日本軍の応戦は「全く自衛手段」（『大阪朝日新聞』同日付）と強調した。「天声人語」でも「もともと我方から仕かけたことでなく、また仕かけるいはれもない小ぜり合ひだ／向ふが引込みさへすればそれで事態は収まるのである」（『大阪朝日新聞』同日付）としていた。

ところが、歴史の実態にかかわりなく、ひたすら自国の「侵略」のみを言いつのる。それが阪神・淡路大震災時の「国民見殺し」の原因になった旧社会党流の歴史認識。村山氏は何とそれを首相談話として閣議決定までするという愚行をあえておこなった。いわゆる村山談話がそれだ。

しめくくりに、この談話のバカバカしさを取り上げよう。

理性があれば出せない「村山談話」

そもそもこんな談話が飛び出してきた経緯がバカらしい。

平成七年はポツダム宣言受諾から五〇年目にあたっていた。そこで国会での「戦後五〇年決議」を画策するも、ほぼ不発に終ってしまった。決議の文案は自民党との綱引きで社会党が十分満足できるほど自国をおとしめた内容にならなかった。しかも野党・新進党と与党の一部の欠席、共産党の反対で、衆議院議員全体の半数以下の賛成しか得ることができず、参議院では採択されなかった。

そこで社会党内部にたまった不満の「ガス抜き」の意味も込めて、この年の八月一五日に発表されたのが村山談話だった。

閣議に先立ち野坂浩賢官房長官（社会党）が有力閣僚や与党幹部に談話の内容は詳しく説明せず、「総理の気持ちなので、どうか何も言わずに了解してほしい」と頭を下げて根回ししたらしい。

文案は内閣副参事官だった松井孝治氏（現民主党参議院議員）が起案し、内閣外政審議室長の谷野作太郎氏（のちに駐中国大使）が親しい学者と相談して仕上げたといわれている。率直に言って妙な文章だ。おもな部分を引用しよう。

「わが国は、遠くない過去の一時期、国策を誤り、戦争への道を歩んで国民を存亡の危機に陥れ、植民地支配と侵略によって、多くの国々、とりわけアジア諸国の人々に対して多大の損害と苦痛を与えました。私は、未来に誤《ママ》ち無からしめんとするが故に、疑うべくもないこの歴史の事実を謙虚に受け止め、ここにあらためて痛切な反省の意を表し、心からのお詫びの気持ちを表明いたします」

まず、非常に恥ずかしい事実を指摘しなければならない。一国の首相の閣議を経た正式な「談話」でありながら、明白な誤字があるということだ。「未来に誤《ママ》ち無からしめんとするが故に」という、作文を習い始めた中学生が少し背伸びをしようとしてかえって幼稚な文章を書いてしまったようなたどたどしい一節の中の「誤ち」。これは当然「過ち」でなければいけない。明白な「誤り」だ。小学生の漢字テストなみのみっともない誤字があることだけで、もうこの談話はアウトじゃないかな（外務省のＨＰでこの誤字を見つけた時は、しばし言葉を失ったものだ）。

それから最も注目される「わが国は……植民地支配と侵略によって、多くの国々、とりわけアジア諸国の人々に対して多大の損害と苦痛を与えました」という個所。これも変てこ表現だ。この文章だと「アジア諸国」以外の「多くの国々」の人々に対しても「植民地支配と侵略」によって「多大の損害と苦痛を与え」たことになる。それは一体、どこの国のことなのか。「疑うべくもないこの歴史の事実」と力まれてもチト困る。大風呂敷を広げすぎて全体の信頼性を一挙に失わせてしまった。この談話を真にうけてはダメと言っているようなものだから、まぁ歓迎すべきことなのかも知れないが。

さらに「疑うべくもないこの歴史の事実」と力コブをいれながら、「遠くない過去の一時期」などと茫漠とした言い方をされては、これまた困る。「この……事実」って、どの事実なのか？

村山氏は「どの時期かについて断定的に言うのは適当ではない」と逃げている。どの時期かも特定できない「歴史の事実」を「疑うべくもない」もへったくれもあったものではなかろう。

韓国併合が条約による国際法上、合法的なものであったことは政府の一貫した見解だ。学問上は「日本のコロニアリズム（植民地主義）が文明のシステムを朝鮮に導入した。もし日本のコロニアリズムがなかったら、その後の朝鮮の発展もなかったし、文明の世界システムに逸早く参入するのは不可能だった」というのが欧米の研究者に共通した見方である。彼らの間では「日本の統治を肯定し、韓国の近代化、経済発展に貢献したという観点が主流を占めていて、それは定説となっている」（金文学氏）のだ。

台湾統治については、ＮＨＫの番組「ＪＡＰＡＮデビュー」第一回（アジアの〝一等国〟）がその否定的側面を誇大に打ち出そうとして、取材に協力した台湾の人々から強烈な批判を浴びた。じっさいに日本の統治を経験した世代の人々にあっては、総じて評価が高いのが実情だ。

客観的なデータもこれを裏づけている（黄文雄氏『台湾は日本がつくった』ほか）。

さらに国際法上、「侵略」の定義がいまだに確立していないことも重要だ。昭和四九年、国連総会は「侵攻（侵略は誤訳）の定義に関する決議」を採択した。だが、「条約ではないので法的拘束力を持たず、国際法上の『侵攻』の厳密な定義を普遍的に確立したものとはいえません」（佐藤和男氏）と評価されている。しかも最終的には安全保障理事会が侵攻行為の存否を政治的に判定することになっている。

平成一四年、オランダのハーグで国際刑事裁判所が発足した時、あらためて「侵攻」の定義が試みられたものの、関係諸国の意見が一致せず、結局、見送られている。

このように未確定な語を政府見解に盛り込むこと自体、不見識のそしりを免れないだろう。しかも「侵攻（侵略）」は通常、自国に敵対する国の行為を非難するために用いられる語だ。それを自国に向けて、しかも首相が発するというのは、一片の理性があればできないことである。

万死に値する売国政治家

村山氏は「どの時期か」特定もできない「歴史の事実」を「疑うべくもない」と言いつのり、アジア以外の「多くの国々」に対しても「植民地支配と侵略」によって「多大の損害と苦痛を与え」たとして「心からお詫びの気持ちを表明」した。それは「未来に誤ち《ママ》無からしめんとするが故」だそうな。

こんな話を誰がまともに受け取るだろうか。考えてみれば、ずいぶん人をバカにした「談話」ではないか。確からしいのは「気持ち」だけぐらいか。野坂官房長官が「総理の気持ち」と言って根回ししたように。だが村山氏個人の「気持ち」を閣議決定して政府の歴史に対する公式見解だとハク付けされては迷惑だ。しかも確定できない「事実」に対して「心からお詫び」できる心理がわからない。

史実として特定もできず、確たる根拠ももたないこの「お詫び」。じつは憲法前文や国連憲章の「敵国」条項とも響き合っている。東京裁判＝連合国史観の社会党バージョンだからそれも当然だ。

これまでのわが国の国防体制を穴だらけのまま固定する役割を果たしてきたのも、同じ歴史認識だった。今の防衛体制のままなら一朝有事のさい、自衛隊員の士気、練度とは別に、制度的欠陥ゆえに、国民は見殺しにされるほかない。阪神・淡路大震災の時に多くの国民を見殺しにさせた歴史認識が維持されている以上、有事にあたってはそれをはるかに上回る国民が見殺しになると覚悟しなければならない。

村山談話が国際的にウケがよくても一向に不思議ではない。何しろ日本の主導性をおさえつけ、その国益確保の足を引っぱり、逆に他国の利益に奉仕するシロモノだからだ。とくに中国や韓国は大歓迎だろう。やがて北朝鮮もこの談話を活用する日がくるだろう。

自国の歴史への冒瀆《ぼうとく》がそのまま中韓などへの利益提供を意味した村山談話。まさに絵に描いたような売国のふるまいと言うしかない。それを継承してきた歴代の首相も、むろん同罪だ。

村山氏をめぐり論ずべきテーマは、ほかにも多い。いわゆる「従軍」慰安婦へのつぐない金の支給を目的とした「女性のためのアジア平和国民基金」の設立や、莫大なコメ支援などをともなった首相退任後の北朝鮮訪問など。しかし以上で彼が万死に値する政治家であることはすでに十分、明らかになったはずだ。

第3位 小泉純一郎

――「改革」で日本の富と生命を米国に差し出した

関岡英之

政治家小泉純一郎の本質

小泉純一郎氏は内閣総理大臣の任期最後の一年間、やろうと思えばなんでもできる環境に恵まれていた。衆議院では、二〇〇五年九月十一日の総選挙以来、与党が三分の二の議席を確保していた。参議院でも与党が過半数を上回り、「ねじれ」は起きていなかった。一方、自民党内では「造反派」をすべて追放し、もはや小泉氏に逆らう者もいなかった。本来、自民党の政治家なら、自主憲法制定、教育基本法改正など、結党以来の悲願を成就する千載一遇の好機到来だったはずだ。

同じ一年間という総理在任期間中に、安倍晋三氏は憲法改正の手続き法である国民投票法の制定、教育基本法の改正、防衛庁の省昇格という三つの偉業を成し遂げた。では小泉氏は、権力の絶頂にあった最後の一年間に、いったい何を成し遂げたか。読者はご記憶だろうか。

小泉氏は、自分の内閣にとって最後となる通常国会の会期延長をなぜか頑《かたくな》に拒んだ。その限られた会期内に「これだけは絶対に通せ」と異常なまでの執着を見せ、衆議院の委員会で強行採決までさせたのは国民投票法案でも教育基本法改正法案でもなかった。小泉氏が最後の最後までこだわったのは、あの「後期高齢者医療制度」を含む医療制度改革法案だったのだ。

ここに小泉純一郎氏の政治家としての本質が露呈している。その本質とは「対米追随派の大蔵族」ということに他ならない。

小泉構造改革というと道路と郵政を思い浮かべる人が多いが、実は五年五ヶ月もの任期を通じて小泉氏が最も執念を燃やし、国民に最もひどい痛みを与えたのは医療分野での改革だったのだ。小泉氏の置き土産である医療制度改革は、その前年に強行した郵政民営化の延長線上にある課題であった。医療と郵政は所管官庁も異なり、無関係に見えるだろうが実はひとつの接点がある。キーワードは「保険」と「米国」である。郵政と医療は、どちらも米国の保険業界の外圧が関係していた。それゆえ、小泉政権による医療制度改革の問題を理解する上で、どうしても郵政民営化について総括しておかなければならないのだ。

大蔵族としての小泉純一郎

小泉氏は二十年前から「郵政民営化」を提唱していたという。米国が郵政について内政干渉を始めたのは文献で確認できる限り一九九五年のことだから、確かに米国よりも早い。米国に指図されて郵政民営化を言い出したわけではないのは事実だ。では、郵政民営化構想が小泉氏の独創かと言えばとんでもない。

私自身、かつて銀行勤めだったから断言できるが、すべての銀行員にとって郵便局は目の敵だった。ドブ板踏んで預金集めに行くたびに「ウチは郵便貯金にしてるから」と何度断られたことか。銀行だけではない。その監督官庁たる旧大蔵省にとっても、日本最大の金融機関でありながら旧郵政省が所管し、自分の権限が及ばない郵便貯金と簡易保険は目の上の二つのたんこぶだった。郵貯と簡保を廃止しろ、少なくとも分割民営化しろというのは、小泉氏が言い出すよりもはるか以前から、日本の金融業界と旧大蔵省の悲願だったのだ。

小泉氏は自民党の同僚議員たちを「道路族」や「郵政族」と痛罵したが、自分自身は「大蔵族」であった。大蔵大臣こそ就任し損なったが、大蔵政務次官、自民党財政部会長、衆議院大蔵委員会常任委員長を歴任し、内閣、党、国会すべてのポストを経験している。マスコミが大蔵族を叩くことはない。だから大蔵族が最強の族議員だということを国民は知らない。

このあたりの機微については、紺谷典子氏が『平成経済20年史』(幻冬舎新書)で暴露している。紺谷氏は、対米迎合勢力の黒幕は旧大蔵省だと名指しで糾弾している。米国が要求する規制緩和や民営化、市場原理の導入による「小さな政府」の実現は、歳出削減に狂奔する旧大蔵省の思惑と一致した。米国の圧力は、日本最強の官庁たる旧大蔵省が受け入れ、推進したからこそ実現してきたのだ。そして日本のマスメディアも、それに一役も二役もかってきた。紺谷氏の著作は、こんにち我が国の国策を真に決定している主体は何処に在るのか、その権力構造の機微に触れている。

なぜマスコミは、米国による内政干渉を報道しないのか。なぜマスコミは、大蔵族を叩かないのか。その背景について紺谷氏は、旧大蔵省による陰微な情報操作の介在を暴露し、それに迎合するマスコミ関係者や有識者にも容赦なく筆誅を浴びせている。今の日本でこんなことを書いて大丈夫なのかと心配になるほど勇気ある著作で、私には到底ここまで踏み込んでは書けない。紺谷氏の『平成経済20年史』は、我が国の権力構造の実態を知りたい人にとって必読の文献である。

小泉氏が連呼していた「官から民へ」「小さな政府」というスローガンは、役所の予算を削り、役人の権限を減らすということだから、一見、アンチ官僚、アンチ役人の響きがある。だから大衆ウケする。だが大衆は、霞が関の内部構造を理解していない。役所といっても旧大蔵省とそれ以外の現業官庁とでは立場が百八十度違うのだ。

現業官庁の官僚は予算を獲得することが出世への王道だが、旧大蔵官僚は歳出を減らすことこそが唯一最大のモチベーションなのだ。旧大蔵官僚という人々は、現業官庁からの請求を承認することではなく、却下することに優越感を味わい、権力の美酒に酔うのだ。官僚を十把一絡げにしては判断を誤る。小泉氏のスローガンは、厚生労働省や国土交通省などの現業官庁にとっては確かに痛手となるが、旧大蔵省にとってはむしろその強大な権力をさらに後押しするものなのだ。

現業官庁の歳出には、確かに無駄もあるだろう。だがその大半は、長年にわたって国民生活に必要不可欠とされてきた。小泉氏が推し進めた構造改革は、現業官庁だけでなく、歳出による恩恵を受けてきた国民、とりわけ地方や弱者に打撃を与えるものなのだ。だが「歳出＝無駄遣い」という情報操作によって、小泉改革が官僚や族議員を叩きのめしてくれているという一面のみがクローズアップされ、官尊民卑に反感を抱く大衆の拍手喝采を浴び、それが実は大衆自身に最終的なツケが回ってくるという本質が見えにくく糊塗されているのだ。最も大衆を痛めつけた小泉氏が、いまだに大衆人気を誇っている。ここに、小泉氏のポピュリズムの悪辣さと、それを見抜けない我が国大衆の悲劇がある。最大の罪は、権力に迎合し、大衆操作の道具と堕したマスメディアにある。

「保険族」としての小泉純一郎

郵政民営化をめぐって、小泉氏と旧大蔵省との関係を見てきたが、米国との関係はどうなっていたのか。小泉政権が作成した郵政民営化法案は、米国保険業界の要求がストレートに反映されていた。この点から見ると、小泉氏は旧大蔵族であるとともに金融族、なかでも「保険族」とでもいうべき政治家で、これは後述する医療問題にもつながってくる。

日本の金融界の伝統的な序列は銀行、証券、保険の順となっていた。旧大蔵省にはまず銀行局ありきで、そこから証券局が分離独立したが、保険局はついにできず、銀行局傘下の保険課という位置づけだったからだ。

だがアメリカでは逆であった。米国では商業銀行よりも保険会社の方が、はるかに政治的影響力は強大だ。商業銀行については、現在は持ち株会社が解禁されているが、かつてはマクファーデン法という法律によって州際業務が禁止され全米展開ができなかったため、米国には地方レベルの銀行しかなかったのだ。バンク・オブ・アメリカは全米規模の銀行のような名前だが、元来はサンフランシスコに本店を置くカリフォルニア州の地銀だった。しかし保険会社は、州によって規制は異なるものの全米展開することができた。米国最大の保険会社AIGは世界最大の保険会社でもあった。

AIGはクリントン政権時代、ホワイトハウスを動かして「日米保険協議」を仕掛け、日本の保険業法を改正させて、まず民間保険市場に競争原理を導入させた。その結果、九社の中小生命保険会社が経営危機に陥り、すべて外資に買収された。このとき千代田生命と東邦生命を買収したＡＩＧが今や経営危機に陥って、この二社を売りに出しているのは皮肉としか言いようがない。

米国保険業界の次のターゲットが郵政の簡易保険であった。郵政事業を分社化・民営化、つまり政府の持ち株を上場させ、外資による簡保の買収を可能にしたのが小泉政権による郵政民営化の本質である。平成七年（一九九五年）の米国政府の年次改革要望書に「郵政省のような政府機関が、民間保険会社と競合する保険業務を営むことを禁止すること」とはっきり書いてある。米国は郵政三事業のうち、郵便事業についてはほとんど関心を示してこなかった。米国でも郵便事業はまだ国営だからだ。米国の関心は当初から金融部門、すなわち郵貯二百二十兆円、簡保百三十兆円のカネ、とりわけ簡保に集中していた。

金融業界では、預金や貯金は短期性資金、保険は長期性資金という。預かる側から言うと、預貯金は短期で払い戻しを請求されてしまうが、保険は長期間運用できる分、はるかにオイシイ。保険会社というのは要するに長期性資金の集金マシーンなのだ。簡保にはそれが一兆ドルも貯まっていて、日本の国債を買い支えている。一兆ドルと言えば先進国カナダのＧＤＰに匹敵する。米国の官民は、簡保の長期性資金を手に入れて、米国債を買わせたり、ヘッジファンド等を介して世界中で運用したりすることを目論んだわけだ。

だが、政府直営のままでは外資は手を出せない。そこで三事業一体の原則だったのをあえて四分社化し、郵貯と簡保というカネの部分を市場で百パーセント売却するという法案がつくられた。小泉氏に郵政民営化担当大臣に任命された竹中平蔵氏が主導した、いわゆる「竹中法案」である。市場で売却するというのは要するに株を上場するということにほかならない。上場すればどうなるか。かの「ホリエモン」が教えてくれた通りだ。「ボクみたいなのに買収されたくなかったら、上場しなきゃいいんですよ」。

この竹中法案に反対票を投じたため自民党を追われ、前回の郵政総選挙で刺客を立てられ議席まで奪われた城内実前衆議院議員がわかりやすい喩えをしている。魚を三枚におろして骨の部分つまり郵便事業は捨ててしまい、おいしい切り身の部分つまり貯金と簡保を米国金融業界に「どうぞ」と差し出す、それが竹中法案の中身だったと。

どうしても総括されなければならない前回総選挙の本質

城内実氏をはじめ、竹中法案に反対した自民党議員たちは民営化そのものに反対していたわけではない。ただしあくまでも三事業一体でまず公社化し、その後民営化する、というのが共通認識だった。そこへ突然、何の説明もなく四分社化し、カネの部分だけはできるだけ早く百パーセント上場するという奇怪な法案が出てきたために、反対する以前にまず「なぜだ？」と説明を求め、議論しようとしたわけなのだが、小泉・竹中サイドはなぜか与党との協議に一切応じようとせず、一字一句たりとも修正を拒むという不可解な姿勢を示した。

なぜ四分社化してはならないか。我が国は国土の四分の三が山地の山国であり、私たちは山間部に点在する小さな盆地や平地で暮らしてきた。また、『古事記』が島々の創世から説き起こされているように、我が国はまわりを海で囲まれた島国でもあり、人が暮らしている島だけで四〇〇もある。そうした国土で、葉書一枚五〇円、封書一通八〇円の全国均一料金というのは市場原理では絶対に不可能だ。都内で「ホリエモン」が村上ファンドの社長に出す葉書は四〇円、離島のおかあさんが都会に働きに出た息子に出す葉書は一二〇円、というのが市場原理である。

しかしそれではいけない、と考えたのが明治の父祖たちだ。都会に住む母親も、山村や離島に住む母親も、息子に手紙を出したい気持ちは同じである。そこに経済の論理を持ち込んではいけない。こうして我が国の国民は、日本というひとつの共同体の成員として一体感、帰属意識を育んできたのだ。郵便事業は当然赤字になる。これに税金を投入しなくてもいいように、採算の良い金融事業も併営する。郵便局のネットワークを活用して貯金と簡保というサービスをすべての国民に提供しながら、郵便事業のコストを賄う。世界に誇るべき優れた制度だ。

郵政民営化担当大臣になった竹中平蔵氏は、郵便部門と金融部門を強制的に遮断しなければならないと四分社化に拘泥したが、いったいどこがいけないのか。私たちの父祖たちがあみだした智慧の結晶とも言える素晴らしい制度をなぜぶっ壊すのか。しかし小泉・竹中氏は、それが米国保険業界の要望に基づくプランであることは一切説明せず、ただ「イエスか、ノーか」と私たち国民に回答を迫った。

要するに小泉純一郎という政治家は、「改革の旗手」でもなんでもない。我が国を巧妙に支配する二つの見えざる権力、すなわち米国と旧大蔵省にひたすら忠実な飼い犬だったということに尽きるのである。

国民の代表として小泉路線に異議を唱え、是正しようとした良心的な自民党議員は小泉官邸によって「抵抗勢力」「守旧派」「族議員」という誤ったレッテルを貼られ、それに便乗して「小泉劇場」で視聴率や購読部数を稼ぐことに狂奔したマスメディアの餌食にされ、徹底的にバッシングされ、多くの有為の人材が議席を奪われ、小泉氏への忠実さだけが取り柄のような小泉チルドレンが大量に当選した。これこそが四年前の郵政解散・総選挙で起きたことの本質にほかならない。

そして日本の医療が崩壊した

米国保険業界が簡保の次に目をつけたのが我が国の健康・医療保険だった。日本は国民皆保険といって、すべての国民が公的保険で守られているが、米国は先進国で唯一そうした制度が無い。このため米国では医療保険は民間保険会社の一大ビジネスとなっている。郵政総選挙のとき小泉・竹中氏が連呼した「官から民へ」「民にできることは民にやらせろ」というスローガンは医療保険についてもあてはまるのだ。ただしこの場合の「民」は日本国民の「民」ではなく、米国系やオリックスなど内外の民間保険会社の「民」のことだった。

医療保険を民にやらせるとどうなるのか、そもそも米国の保険業界がいかに強大な政治力を誇り、米国の国政を壟断しているか。それを知りたければ、マイケル・ムーア監督のドキュメンタリー映画『シッコ』は必見である。マイケル・ムーアはまぎれもない左翼だが、そもそも医療の問題に関しては右も左も関係ない。医療に市場原理を許容するのかしないのか、許容したらどうなるのか、ということが問題なのだ。もしも我が国の行く末を案ずる憂国の士なら、虚心坦懐に『シッコ』を観て真剣に考えをめぐらすべきではないか。

米国内の医療保険市場は既に成熟している。米国の民間保険会社は海外市場を開拓せざるをえない。そこで目をつけたのがGDP世界第二位の日本の医療保険である。米国政府は「日米投資イニシアティブ」という政府間交渉を通じて、医療分野への市場原理導入を日本政府に要求した。

米国の外圧が、財政均衡主義に凝り固まり、歳出のなかで最大項目である社会保障費を削減したい旧大蔵省の思惑と一致した。両者の意を受けた小泉氏は、任期中にサラリーマンや高齢者の医療費の窓口での自己負担分を段階的に引き上げた一方、二度にわたる診療報酬改定で医療機関の受け取り分を引き下げ、公的医療費の削減に狂奔した。この措置こそが、こんにちの激甚な医療崩壊を招いてしまったのだ。

そしてトドメとして、これまで扶養家族として保険料を免除されてきた人々からも年金からの天引きで保険料を差っ引く「後期高齢者医療制度」や、療養病床（慢性疾患の長期入院用ベッド）の大幅な削減を骨子とする医療制度改革を置き土産として残していった。

小泉氏の老獪さは、施行の時期を二年後、つまり自分が総理を辞めた後に設定したことにあらわれている。小泉内閣最後の通常国会で医療制度改革法案が可決されたとき、なぜかマスメディアはまったく注目せず、二年経って福田内閣のときに施行されるに至って急に騒ぎだした。そのときもこれが小泉氏の置き土産だという事実がほとんど強調されなかったため、小泉氏はいまだに相変わらず大衆人気を保ち、くだらない世論調査で「総理に相応しい政治家」のトップにランクされている。もはや悲劇を通り越して喜劇である。

我が国は高齢化が進むために、医療にかかるお金（国民医療費）が増え続けていくことは避けられない。その中で政府の負担だけを削減するということは、要するに国民の負担を重くしていくということにほかならないが、それは国民が「自己責任」で解決しろ、不安なら民間保険会社の医療保険をお買いなさい、保険料が払えない人はお荷物だから早く死になさい、というのが小泉構造改革の基本的な考え方なのだ。

簡保はしょせんカネの話だが、国民のいのちに関わるかけがえのない医療をここまで破壊したことだけは断じて許しがたい。

小泉構造改革の本質は『朝日新聞』が喝采する日本破壊

小泉純一郎氏は、「改革は痛みを伴う」とは明言したものの、なにがどうなるか具体的な説明は一切せず、いつもわかったようなワンフレーズで国民を煙に巻きながら強引に「改革」を推し進め、既成事実をどんどん積みあげていった。だからよほど注意して見ている人でないと気がつかず、あとになって知ってきりきり舞いさせられるわけである。実に狡猾な政治家だ。保守論壇の大御所のなかにもいまだに「小泉氏は素晴らしい指導者だった」などと大衆に迎合する浅ましい向きがあるが、国民はいい加減、目を覚まさなければ馬鹿をみるだけだ。

なにしろあの郵政総選挙の投票日当日に「小泉首相はこれまで見たこともない指導者だ（中略）単純だが響きのいいフレーズの繰り返しは、音楽のように、聴く人の気分を高揚させる」とお追従丸出しの社説を書いたのが、日本破壊を喜ぶ『朝日新聞』だったという事実を我々は断じて忘れてはならない。

構造改革によって、私たち日本人は幸せになっただろうか？　経済問題や医療・介護問題を苦に自殺する人が年間三万人を超える事態が十年以上も続いている。親が子を、子が親を殺し、あるいは理由もない無差別大量殺人事件が横行している。働きたくても正社員になれない若者がたくさんいるのに、小泉構造改革の継承者を自認する中川秀直元幹事長のような政治家は、一千万人もの移民を日本に入れようと画策している。地方の商店街は「シャッター通り」となり、いまそこを中華街に改造すべく、華僑資本や中国のソブリン・ファンドが狙っている。対馬もいつの間にか韓国資本に買い占められている。

我が国はかつて「経済は一流」と賞賛されたが、バブル崩壊以降、国力は衰退の一途をたどり、昨年一月には経済財政担当大臣（当時は大田弘子氏）が「もはや日本経済は一流ではない」と国会で表明するに至った。いったいなぜ、このような事態に陥ってしまったのか。いったいどこで道を誤ったのか。それを明らかにするのは時代の当事者たる我々の世代の責務であり、これを怠れば我々は後の世の子孫たちに顔向けできまい。

紺谷典子氏は、前出の『平成経済20年史』で、我が国経済の衰退の真因は「改革」にあり、「改革」こそが、こんにちの惨状を招いた元凶だと喝破している。まったく同感だ。

平成の二十年は「改革」の二十年であった。平成元年は日米構造協議が始まった年である。以来、こんにちも続く米国からの要求こそが一連の「改革」メニューの源泉だった。米国が要求する規制緩和や民営化、市場原理の導入による「小さな政府」の実現は、財政均衡に狂奔する旧大蔵省の思惑と一致した。構造改革とは畢竟《ひっきょう》、歳出削減にほかならない。

そして長引く不況下で「改革」すなわち緊縮財政を強行してきた失政こそが、我が国経済の疲弊に拍車をかけ、内需を低迷させ、税収が激減し、財政赤字が更に拡大するという悪循環に陥らせた。

麻生太郎総理は、年初の施政方針演説で「市場原理主義ではだめだ」と明言した。あきらかに、構造改革路線からの脱却の必要性を認識している。盟友である鳩山邦夫総務大臣（当時）が「かんぽの宿」入札疑惑を追及し始めると、麻生総理もそれに呼応するかたちで郵政民営化について「四分社化には反対だった」と国会で発言した。だが、たちまちマスメディアの集中砲火を浴びた。小泉構造改革の見直しを少しでも打ち出すと、我が国のマスメディアはなぜか気でも狂ったかのように自国の指導者をバッシングする。バカの壁は厚い。そのため、麻生政権もなかなか正しい路線に舵をきることができない。

こうしたときに、政権を支えることができる有為の人材が国政の中枢から遠ざけられている。それは四年前、小泉氏に逆らって自民党を離党した平沼赳夫氏や城内実氏といった元自民党の政治家たちにほかならない。彼等こそ真の国益を最優先する憂国の志を持ち、いかなる圧力にも屈せず信念を貫く、国家の経綸を負託するに値する、信頼できる政治家だ。来るべき衆議院総選挙で、日本の宝ともいうべきこれらの人材を政権中枢に復帰させることができるかどうか。

日本人の見識が問われている。

関岡英之《せきおかひでゆき》

一九六一年、東京都生まれ。ノンフィクション作家。慶應義塾大学卒業。早稲田大学大学院修士課程修了。著書に『なんじ自身のために泣け』(第七回蓮如賞受賞)、『拒否できない日本』『奪われる日本』『目覚める日本』等がある。

第4位 小沢一郎
――「ねじれ現象」を生んだ無節操な国賊

西尾幹二

何も変わっていない民主党、三つのグループの正体

民主党は、三つに分裂したグループの寄合いだといわれている。鳩山由紀夫、菅直人に前原誠司、野田佳彦を加え（岡田克也もその中に入るであろう）、ただのリベラル主義といわれるような穏健派がまず挙げられる。甘い国際協調民主主義を信じている人々だが、ただし中国に対しては警戒心がないでもない。国家観、歴史観は曖昧だが、そういう思想面を問題にすれば、自民党の左派も似たようなものである。

第二のグループは小沢一郎、羽田孜など旧田中派（経世会）系列で、思想的には保守とみられてきたが、正体は見えない。利益のある所にはどこにでも転んでいきそうで、節操は感じられない。第一のグループよりも親中国的でさえある。

第三のグループは横路孝弘、輿石東がリードしている旧社会党系で、自治労・日教組などの

出身者が多く、共産党や社民党と提携したほうが筋が通っているようにみえる。親中国的で、そして反米的である。

来たるべき総選挙が終わった後で、小党分立になるか大連立になるか、それは分からないが、何らかの政界再編が起こる可能性は高く、そうなれば三つのグループはばらばらに分かれるのではないだろうか。第一のグループはさらに二つに割れることも起こりそうである。

今は誰もホンネを隠して息をひそめている時期であるようにみえる。ともかく選挙で当選しなくてはならない。頭にあるのはそればかりであろう。

小沢の公設第一秘書の大久保が逮捕され、そして起訴された。この事件で小沢は直ちに代表職を辞すと思われていたら、そうはならなかった。相当に長い間トップの座にとどまっていた。間もなく公開裁判が始まるであろう。いろいろな情報がとび交っている。小沢包囲網は少しずつ狭められてきて、彼が危うさを感じた結果の辞任であったろう。

本当なら東京地検は小沢一郎逮捕というところまで行くべきであった。実際には民主党が鳩山由紀夫という「坊っちゃん左翼」に頭をすげ替えて、逆に息を吹き返すチャンスを与えてしまった。民主党が本当に息を吹き返すかどうかはまだ分からない。小沢は代表職を辞任したはずなのに「筆頭代表代行兼選挙対策の責任者」という立場を得て、党の中枢に、ナンバー2として、背後から鳩山を糸で操るポストに収まってしまった。よくみると民主党はなんにも変わっていない。国民大衆の目にそれははっきり見える。

小沢が権力維持のために手離さない人事とカネ

ここで注目すべきは、彼がしっかり握って離さなかったのが「選挙対策の責任者」のポストだったという点である。後にもう一度述べるが、若い頃から変わらぬ小沢の権力の由来は「選挙」である。別のことばでいえば「カネ」と「人事」である。

さらにもう一つ注目すべきは、小沢を旗頭とする第二のグループが公設秘書逮捕のあとでも崩壊せずに立場を守ったのは、主として第三のグループの力を借りての結果であったことである。小沢は旧社会党の勢力を巻きこんで自分のパワーを維持することに成功した。逆にいえば、日教組出身の輿石は小沢のパワーを借りて、民主党のトロイカ体制の一角に食いこみ、岡田と並ぶほどの地位を得ることが出来たのだった。

小沢の権力操縦術はこのようになお健在である。勿論、政治家である以上、権力を操るに長けて悪いことはなにもない。しかし、「カネ」と「人事」という政治家の最も弱い部分を握り、それによって国家社会の理想を実現しようとするのならまだいいが、左翼であろうが日教組であろうが、国家観も歴史観もなにも見境なく数ある者とは誰とでも野合し、権力の拡大に目的がなく、名分がなく、虚無的全体主義に向かっていく今回の身の処し方は、若い時代からまったく変わらぬこの男の特性をいかんなく示している。

いま振り返ってみれば彼の師範格であった金丸信は山梨県議会議員から出発して、自民党のドンになった人物である。「カネ」と「人事」で人を動かす操縦法も小沢は田中角栄からというより、金丸信から学んだものに違いない。田中角栄には愛国心があった。国際社会を見抜く洞察力もあった。しかし金丸にも、小沢にも、そんなものは何もない。

今の時代に日本が世界の中で処すべき課題が何であるかを恐らく小沢は考えたこともないであろう。時代遅れの旧社会党の亡霊とでも、場合によっては共産党とでも手を組む悪魔の体質が、彼の国賊たる所以《ゆえん》だが、問題はただその無節操、無分別にあるのではない。彼が若いときに手を下した政治判断や政治行動が、九〇年代から以後のわが国の政界の「ねじれ現象」を生み出したことにあるのだ。政治の足踏み状態、国際的非常識、前へ進めない停滞状況、非能率体制を引き起こしたのが小沢の前半生であった点にこそ、なによりも許しがたい国賊性があるといっていいであろう。

ねじれ現象をつくった張本人

小沢一郎の名前がはじめて国民の前に大きくクローズアップされたのは一九八九―九一年、海部内閣における自民党幹事長の時代だった。湾岸戦争でヒトの派遣のできない日本がＰＫＯ

法案を成立させ、カネの貢献でも予算上大幅な無理をしなくてはならなかった。

小沢は公明党の協力を得てこの難局を切り抜けようとした。そこで都知事選でやむなく公明党推薦の新人候補、NHKの磯村尚徳を共同擁立してみたものの、敗北にいたらしめ、責任をとって幹事長を辞職した。

国家の危機を単身とび回ってなんとか乗り越えてみせたのである。しかもさっと身を引く潔さがあった。大胆で勇敢なイメージ、現実主義的で行動的な愛国者の印象を国民一般に与えた。小沢は四十九歳の若さだった。

もう一度小沢の名前が大きな存在として浮かび上ったのは一九九三年、社会党を引きこんで日本新党の細川護熙を首班とする内閣を影の実力者としてつくりあげた、目を見張らせる出来事だった。自民党はこのとき三十八年に及ぶ長期政権の幕を閉じた。

小沢の行動力はここでもやはりさすがと思わせたが、経世会を分裂させたのはともかく、ことあろうに社会党と組むという禁じ手を用いたことに、何をしでかすか分らない、政争のためには手段を選ばぬ策謀家のイメージが加わった。

これは次のような経緯だった。佐川急便事件で責任をとらされて金丸信が派閥の会長を辞めてから、小沢は金丸に近い渡部恒三、奥田敬和らと共に羽田孜を擁立し、竹下直系の小渕恵三、橋本龍太郎、梶山静六らと対立した。いわば「私闘」である。かくて経世会は小渕に引き継がれ、羽田＝小沢派は外へ出た。やがてこれが新生党を起ち上げた。

宮澤内閣は一九九三年の衆議院解散後に過半数割れした。新生党、日本新党、新党さきがけは追い風が吹いて票を伸ばした。日本新党の細川は自民党との連立を考えていたが、策士小沢から首相就任を打診され、その結果、共産党を除く非自民勢力が細川をトップに掲げて一気に結集したのである。自民党が野党になったあのときの国内の興奮を今ありありと思い出さずにはいられない。

しかしながら国内政局だけを見ていると以上のごとく賑やかであるが、日本の政治はおおむね国際政治の反映にすぎない。このときの選挙で社会党は一三三議席から七〇議席へと半減した。それはなぜか。一九八九年ベルリンの壁崩落。九〇年西ドイツによる東ドイツ併合。九一年湾岸戦争勃発。同年ソ連邦の消滅――。

冷戦の終焉の結果、日本の政界にも起こるべくして新しい波が起こったまでである。自民党はそれまで国際共産主義の日本への進出を防ぐ防波堤の役割を果して、一人の脱党者も許さない一枚岩を守っていたが、急にその必要がなくなった。小沢の辣腕を待たなくても、自民党の長期政権に終止符が打たれるのは、時間の問題だったからである。

振り返れば冷戦が終わった九〇年代の初頭は日本の進路にとって大切な岐《わか》れ路《みち》だった。八〇年代からつづく経済ナショナリズムが登りつめた絶頂期でもあり、冷戦の本当の戦勝国は日本だったのではないかとアメリカを口惜しがらせていた時期である。

わが国がこのようにナショナリズムに燃えている間はまだよかった。間もなく日本経済はバブルがはじけ、マネー敗戦とか、失われた十年というような平成の下降期が始まる。そのとき経済に代わって政治や外交のナショナリズムが沸き立っていれば、それはそれで良かったはずだ。

本来ならこのとき日本の議会勢力は米ソ対立の谷間から脱け出し、米国依存体質をも清算して、独立国家への第一歩を踏み出す形態へと再編成されるのが筋であった。憲法改正をめぐる可否で政党色をくっきり際立たせる選択肢が可能となるべきだった。しかし実際には、経済の下降とともにアメリカへのそれまで以上の隷属状態に入り、無気力になり、一年ごとに首相が交替するような情けない国家体制となった。それはなぜかといえば、そこに小沢の果した悪魔的役割があったのである。

すなわち、不幸なことに、このときの日本の政界再編成は思想信条やイデオロギーによってなされたのではなく、小沢が主導した竹下派の分裂という単なる「私闘」をバネにして引き起こされたのである。このことは今日に及ぶわが国の政治停滞を招いている最大の原因である。

考えてもみてほしい。田中角栄の側近だった渡部恒三が、北海道知事を辞めて社会党のプリンスとして迎えられていた横路孝弘といよいよ同じ仲間になるんだって？　いったい何ということだ！　というのが、われわれ国民のそれまでの常識に逆らう目を剝くような、納得しにくい新情勢であった。見境いのない野合が始まったのである。

細川政権はきわめて不安定であった。政権を支えた最大勢力は社会党であったのに、旧公家の流れを掬《く》む細川でなければまとまらないという唯一の理由で冷や飯を食わされた社会党の心のスキを突いたのが自民党だった。野党に回った自民党は党勢の衰滅にさらされ、何が何でも政権復帰を果さねばならないと考え、小沢一郎の用いた禁じ手を二倍にしてお返しした。すなわち、社会党左派の村山富市を連立政権の首班に据えるという離れ技をやってのけたのである。

これには日本国民はただただ呆れた。よくこんなデタラメをして日本という国家が生き延びているものだと不思議にさえ思った。日本政治の漂流化が始まったのはこのときである。社会党の自民党化を図るというのが当時の自民党側の言い訳であったが、実際には自民党の社会党化が進行して今日に及んでいるといえる。歴史教育やアジア外交を縛った「村山談話」の暗い拘束をひとつ例に取り上げても、保守が社会党左派と野合した非論理性のゆえに国家像が著しく歪曲されたことは、まことに罪深い。そしてそのような無分別な選択を最初に手がけたのは自民党ではなく、小沢一郎にほかならないのだ。

一九九三年というあの象徴的な年の政界再編成は竹下派の「私闘」を切っ掛けに行われた。米ソ対立の戦後体制が終って、いよいよ日本は真の自立への歩みを踏み出さねばならぬ大事なときに、国家と国民に対する裏切りにも近い無責任な再編が行われたのである。

その結果今の自民党といい、民主党といい、ほとんどイデオロギーに差異がない似た者同士になっている。自民党に福島みずほと変わらぬ能天気な左翼思考の代議士が多数いるし、民主党に驚くような愛国保守派がいる。ねじれ現象がつづいている。国民は選挙の度に選択に迷う。

これはいまの政治が前へ進まない最大の要因の一つである。この事態の発端をつくった張本人は小沢一郎である。

小沢一郎という政治家にわれわれが最初にイメージした大胆で勇敢な、愛国的行動家の印象を、誰も今はもはや持つことはできないであろう。

もはや国連中心主義にリアリティはない

小沢一郎はつねづね日本の政党政治を政権交替の可能な二大政党制にすることが目的で、そのために旧い体質をもつ自民党をぶっこわさなければならないといいつづけ、これを最初からずっと政治活動のいわば原点にしてきている。しかし二大政党制の基本となる右と左のイデオロギーの対立の差は、自民党と民主党が代表して背負っているとはいえない。今見てきたように小沢一郎が手をかけかき混ぜて、こわしたからである。しかも自民党は小沢がぶっこわすまでもなくすでに完全にぶっこわれていて、無力化している。

象徴的な一九九三年から十六年たって、国内の政治も変わったし、国際状況は急速に、刻々と動いている。小沢は現実の変化を見ていない。竹下登と金丸信が生きていたあの時代の自民党の幻をいまの自民党に見ている。一兆三千億円の湾岸戦争支援金をひねり出すために苦心したあの時代の世界状勢判断で、小沢の時計の針は止まっている。考えてもみてほしい。バカの一つ覚えのように彼が口にする国連中心主義は、PKO法案を辛うじて通したあの時代にはそれなりに日本の安全保障にとってリアリティがあったかもしれない。けれどもアメリカが北朝鮮政策で逃げ腰になり、尖閣列島が中国に脅かされる可能性がきわめて大きい今のこの時代に、安全保障の課題はもっとはるかに具体的で、現実的でなければならない。

肝心なのは、中国は国連安全保障理事会の常任理事国だということである。その中国が東シナ海で横暴な行動に出て、日本が安全保障理事会に訴え出るというケースをひとつ想定してみるがいい。現実政治家なら休みなくこういうシミュレーションを思い描いておかなければいけない。明日にも起こり得る可能性があるのである。アメリカがたとえ協力的に振舞ってくれたとしても、中国は安保理で拒否権を行使し得るのである。常任理事国が侵略国であるケースは、現にロシアがグルジアに侵入した事例をみれば少しも珍しくはない。

小沢は憲法九条を守り、専守防衛に徹するという立場に立っている。九条第一項はもとより、「陸海空軍その他の戦力は、これを保持しない」という例の第二項も変えないと言っている。

そして、その代り一部憲法を改正して「国連待機軍」を設置するという驚くべき内容の主張を述べている。

九条改正はできないから——できないと決めつけていて——国連が承認した国連軍、多国籍軍の参加には賛成だというのである。国連が認めれば、必要なら武力行使も辞さないという。自衛隊はそのとき国際公務員とかになって、日本の法律の及ばない存在になる、というような異様なアイディアである。

湾岸戦争のときにアメリカは多国籍軍を形成してイラクを攻撃した。小沢の時計の針は一九九〇—九一年のあの瞬間で止まっている。多国籍軍は国連の軍隊で、アメリカの軍隊ではなかったというのだ（単に国連に名を借りたアメリカの巧妙なカモフラージュにすぎないのに）。だから小沢は今アフガニスタンやスーダンに出ている国際治安支援部隊（ＩＳＡＦ）への自衛隊の参加は認めるといい、インド洋の給油支援はアメリカの戦争への直接参加になるからテロ対策特別措置法の延長には反対だと言い張っている。アフガニスタンやスーダンへの派兵のほうがインド洋上の活動よりもはるかに危険で、武器使用の細則もきまらない現在の段階で、小沢の主張は空想的であり、国連教条主義にほかならない。

そこで小沢に伺いたいのだが、もし東シナ海で中国が国連の名において日本を攻撃したらどうするのか。否、そこまでは起こらないというのなら、中国の理不尽な行動、急迫不正の事態に対する日本の安保理提訴に対し、安保理が中国制裁案を出したとして、中国がこれに拒否権を行使したらどうするのか。明日にも起こり得ることなのである。

国連を金科玉条とする小沢主導の民主党が政権にあったなら、日本は国連の正義を守るために日本を非難し、日本を懲罰する中国の動議に賛成票を投ずるおつもりだろうか。

要するに国連を尊重するなどというのは、平和なときの各国の外交辞令、形式尊重主義で、国連がどこかの国を守ってくれるなどということは現実にはまったくあり得ない神話である。国連、国連と連呼するのは、ホームルームのお子様民主主義の仲良しクラブを思わせる未発達の幼い知性の現われでしかない。

何度も言うが、世界の政治現実は時々刻々と動いている。アフリカや中東など日本から離れた遠い紛争地に、自衛隊が義務として平和維持活動に赴くべきか否か、という範囲に自衛隊の行動を限定して考えているのが小沢である。そしてそれ以上の自国周辺の危機をめぐる政治的想像力をまったく欠いているのが、小沢一郎の安全保障論である。

彼は二〇〇六年に日本の核武装は軍事的、政治的にも何のプラスにもならないと言っている。それも一つの見方ではある。しかし、彼は核武装については議論もしてはいけないと言っているのである。まるで文学青年のような恐るべき閉鎖性、退嬰《たいえい》性である。こんな人だったのか、と、辣腕家を謳われた十六年前の小沢一郎は誤解であり、錯覚だったのかと今あらためて考え直している。

外国人の地方参政権を認める愚

北朝鮮を核保有国として半ば認める不明朗な曖昧さを残したまま、アメリカが北のテロ支援国家指定の解除へと政策方針を切り換えた二〇〇八年六月には、本当なら朝野を挙げて日本の核武装が燃え上る論争のテーマとして沸騰しなくては、日本の未来は危ない。六カ国協議は日本の核武装を封じるための事実上の五カ国会議であると私は前から言ってきた。北朝鮮の不完全核廃棄、すなわち核残存は、南朝鮮の内心の承認事項であり、朝鮮半島を含む周辺国がすべて核を備え、太平洋の只中で非核地帯の日本列島を包囲する陣形を組むことを、日本が今後ほぼ半永久的に容認する状況を予知させている。

国家百年の計を考えるべき日本政府は、それなのに、ただのひとことも言葉を発しない。静かな討論さえしない。世論も寂として声がない。小沢一郎は議論することも罷《まか》りならぬという。日本は国家ではないことを内外に広告しているようなものだが、深い諦めのせいなのか、アメリカが何とかしてくれるという怠け心なのか、自分の手に負えないことには無関心になるのがむしろ生命の法則に適うことだからなのか——いずれにせよ私はこれらをひっくるめて「死の思想」と呼ぶが、日本の政治があらゆる面で機能不全に陥っているその一面がまさに象徴的に露呈したまでだろう。

小沢一郎は自民党をぶっこわすと力んで勇み立っているが、すでに自民党はもとより、日本の政治そのものがぶっこわれているのである。

小沢は「こわす」ことに心が囚われている。「こわす」ことが目的で、権力を握ってから後何をしたいのかという政治目的をはっきり語ったことはない。何を措いても総理になりたいという無邪気な心がないのはたしかに良い一面かもしれない。寝技師のような裏方党人政治家のつもりなのかもしれないが、しかし動機と目的がはっきりしない。ウラで権力をこわしたりつくったりすること自体に夢と情熱を賭けてきた党内マキアベリスト、保守政界につねに存在しつづけた党人派政界ゴロに秘かに自分を擬しているのかもしれないが、彼の目指す権力の中味は保守ではないのだ。そこが問題である。

彼の国連教条主義が示す通りに、小沢はリベラル国際主義願望、左翼志向である。国益を中心に考える「守り」の政治家ではない。「カネ」と「人事」をからめる権力奪取の手法が自民党党人派の流れに沿っているので、世間はずっと誤解してきた。小沢一郎が先頭者として立てば民主党も自民党に近づき、保守化するであろう、と。しかしそれはまったくの誤認である。

小沢は二〇〇八年七月十五日学習指導要領の竹島問題について記者会見で問われて、「教科書云々の前に日韓の考え方の差を埋めるために、しっかり話し合いをすべきだ。話し合いを避けて教科書に載せる載せないの類は順序が違う。事実上韓国が実力支配しているわけですから、それを放置して俺の領土だと言ってもどうしようもないでしょう」と日本政府を批判した。

一見正論にみえるが、竹島問題で韓国と「話し合い」ができるという前提に立つこの論の立て方には、どこか筋違いの感じがする。現実とのズレがある。話し合いを避けているのは日本側ではない。どうにも手の打ちようもない硬直が韓国との外交交渉につねにつきまとうことは日本人の共通認識となっているが、小沢は平然とこの認識の外に立って、こともなげに正論めいたことを言うのである。

かつて北朝鮮から能登半島北方にノドンミサイルが撃ちこまれ、カーター調停でやっとことなきを得た一九九三—九四年のあのきわどい不安の歳月に、小沢の盟友で、首相となった羽田孜が、日本の首相が金日成と膝づめで談判すれば問題は解決するという意味の能天気な発言をして、世間から笑われたことがある。これとよく似ているのである。北朝鮮はアメリカ以外とは政治対話をしないというかたくなな姿勢だったことはよく知られていたはずである。小沢や羽田の世代には世界の現実に対して救いようもない幻想性があるということなのだろうか。

しかし、恐らくこれは世代の問題ではない。日本の政治家の知性の問題である。

金丸信が社会党副委員長の田辺誠と組んだ訪朝団があった。金日成から植民地支配の償いだけでなく戦後の償いまで求められ、唯々諾々と了承して帰国した。戦後の償いとは、朝鮮戦争の賠償のことなのだ。話を聞いてびっくりしたのは韓国とアメリカである。侵略したのは北朝鮮であって、しかも日本は戦争の当事者ではない。日本政府は直ちに釈明の特使を米韓両国に派遣したはずである。

これほどにも日本の政治家が「無知」であるのは笑いごとでは済まされないと思ったものだ。かつて李登輝は金丸信に会って、このレベルの男が日本のキングメーカーであり、政界のドンであるとは信じられないことだと語ったと伝えられるが、小沢一郎はこの金丸の腹心であり、しかも件《くだん》の訪朝団には小沢も同行していたのだった。

永住外国人の地方参政権について、小沢一郎は賛成だと言っている。ある種の勢力と手を組む必要からそう言っているのかもしれないが、聞く処では「たいした実害はないだろう」との甘い考えを示しているそうである。過日、小沢は韓国大統領の李明博との会談で、「在日韓国人への参政権付与を行うのが遅れているのは遺憾に思っている」とまで踏みこんだ発言をして、同案件の推進の方針を表明している。

これなども小沢が現実を見ないで、観念でものを言っている一例といえるだろう。参政権を認めれば、韓国人や中国人が過疎地の自治体に計画的に集団移住するなり、住民登録を移すなりして、小さな自治体の議会を選挙で合法的に占拠する可能性が十分に予想されている。対馬や沖縄のある種の島などは真先に狙われるだろう。侵略は国境の内側から始まるのである。

「実害」がないどころではない。

移民問題でヨーロッパは悩みつづけているが、外国人への地方参政権の付与からトラブルが始まってやがて内乱に近い状態になったオランダのような例もあるのである。

国家主権、領土の保全が大切だという意識が小沢には稀薄なように見受けられる。彼は保守政治家ではないのである。

このレベルの現実認識で彼が主導する民主党が政権政党になり、日本の舵取りをするという場面を思い描くと、そら恐ろしい気がしてくる。

小沢の活動は、例えば福田康夫と企てた「大連立」構想のようなプログラムを偏愛する方向にある。近づく総選挙で万が一民主党が過半数を得た場合、小沢はぐらつく自民党に手を突っ込み、政界再編を企て、一種の「合同」政権を目指すであろう。その政権の旗じるしは恐らく保守ではない。左翼全体主義に傾くような危険な政権になる可能性が高いと私が見るのは、小沢の構想する日本の政治は世界の現実の流れにまったく沿っていないし、むしろ逆行しているからである。

冷戦終了後の世界は、イデオロギーによる統合ではなく、民族や宗教の個別の力を尊重し、ばらばらの力がゆるやかに連合する方向を目指している。しかるに東アジアはいまだにそれ以前の状態にある。中国・北朝鮮・韓国の反日トライアングルは、日本の個別の力を滅殺し、妨害するような特殊な地域的条件を示している。

日本はいま古いナショナリズムではなく、冷戦終焉後の各民族の自立と自由を尊重する時代潮流に棹さして、自国の民族性や宗教理念を純化し、先の大戦で傷ついた歴史アイデンティティの復活に努めるべき秋《とき》を迎え、その意味で小沢流の左翼全体主義的方向は望ましくない。

もとより日本の保守の陥っている無思想、無定見、無原則の腐敗は改められねばならない。そのためにも、二大政党制ではなく、理念論争がより活発に行われる多党状況が醸成されるのが今一番必要だと考える。

「保守合同」とか「二大政党制」とかに囚われる小沢一郎の政治行動は、かつて三木武吉が指導した「五五年体制」への力の結集をモデルにしていて、やはり時計の針が止まっている男の傍迷惑な見果てぬ夢といってよいだろう。そのような人物が季節外れの風に乗って鳩山由紀夫を操りながら国を誤導しかねない処に最大の災厄がある。

西尾幹二《にしおかんじ》

一九三五年、東京都生まれ。電気通信大学名誉教授。東京大学文学部独文科卒業。同大学大学院文学修士。文学博士。ドイツ文学者として、ニーチェ、ショーペンハウアーの研究、翻訳を出発点とし、その後、文学、教育、政治、国際問題など幅広いテーマをめぐる評論活動を精力的に展開する。著書に『ニーチェとの対話』『人生の価値について』『国民の歴史』『江戸のダイナミズム』『皇太子さまへの御忠言』『真贋の洞察』等がある。

第5位 中曽根康弘
――靖国問題をこじらせた元凶

大原康男

「公式参拝」を復活させるも方式に重大な問題

昭和五七年に第七一代首相に就任して三次にわたって内閣を組織し、首相在任期間一八〇六日（歴代六位 戦後四位）に及ぶ中曽根康弘元首相には、ウイリアムズバーグ・サミット（一九八三）の成功に貢献したことや、国鉄をはじめとする三公社の民営化を実現したこと、あるいは早くから憲法改正を訴え、しばしば安全保障や防衛問題に関して積極的に発言してきたことなど高く評価されている実績もあるが、こと靖国神社問題に関しては後世に取り返しのつかない大きな禍根を残したと断じてよい。

その経緯をあらためて振り返ってみよう。ことの発端は、昭和五〇年八月一五日、三木武夫首相（当時、以下同じ）が現職の首相として初めて「終戦の日」に靖国神社に参拝しながら、この参拝を「私人」としての参拝であると称したことにある。ために、対日講和条約が締結されて四〇日後の昭和二六年一〇月一八日に吉田茂首相が参拝して以来、首相の「公式参拝」は四半世紀にわたって何の問題もなく続けられてきたにもかかわらず、これを機にその後の首相は「私的参拝」を踏襲せざるを得なくなったのである。

歴代の首相が積み重ねてきた実績を一挙に覆した三木首相の浅薄な対応には憲法二〇条に「国及びその機関は、宗教教育その他いかなる宗教的活動もしてはならない」と定める政教分離原則に対して過敏に反応したことが窺われるが、その行き着いた先が「公式参拝」は「違憲ではないかとの疑いをなお否定することができない」とした鈴木善幸内閣の政府統一見解（昭五五・一一・一七）である。

中曽根首相はこの統一見解を見直して「公式参拝」を「合憲」とする根拠づけを検討するために、昭和五九年八月、藤波孝生官房長官の下に「閣僚の靖国神社参拝問題に関する懇談会」（「靖国懇」）を設け、江藤淳・曽野綾子・梅原猛・芦部信喜・小嶋和司といった各界の有識者一五人から成る「靖国懇」は一年にわたる審議を経て、翌六〇年八月九日に報告書を提出した。

報告書は、首相が目論んだ通り「公式参拝」は「合憲」であるとする結論を導いたが、その参拝のありようについては「宗教との過度の癒着をもたらすなどによって政教分離原則に抵触することがないと認められる適切な方式を考慮すべきである」という条件が付せられている。

これを受けて、六日後の八月一五日、中曽根首相は靖国神社に「公式参拝」したが、その参拝方式は、本殿に参入して玉串奉奠《たまぐしほうてん》、二礼二拍手一礼するというこれまで採られてきた正式参拝の方式ではなく、本殿内には入らず、本殿正面の廻廊に立って黙禱した後、一礼するという方式であった。また、これまでのような玉串料の奉納はなく、首相名で供えられた生花に対する「供花料」三万円が公費で神社に納められた。

それればかりではない。神道色を薄めようとする余り、手水《てみず》も取らず、修祓《しゅばつ》も受けず（神社側はやむなく〝陰祓い《かげばらい》〟という苦肉の策を採った）、しかも、異例とも言うべき拝殿正面の階段からの昇殿であったので（通常は勅使《ちょくし》しか行なわない）、ご祭神に対して著しく礼を失したと言わねばならない。当時の松平永芳宮司がこれに憤って首相を出迎えも見送りもしなかったのは無理からぬことである。

中国に抗議され安易に中止する

たしかに、三木首相によって中断された「公式参拝」を一〇年ぶりに復活させたことは中曽根首相の功績ではあるが、今述べたように、その参拝方式に重大な問題を残しただけではなく、不退転の意気込みで実現したはずの「公式参拝」そのものがいとも安易に取りやめられてしまうという無様な結果となった。突如として中国が持ち出した、いわゆる〝A級戦犯〟合祀を理由とする抗議を受け入れてのことである。これ以降、日本の首相は公・私を問わず、靖国神社の参拝を控えることが常態となる長い閉塞期に入った。平成八年の自身の誕生日に橋本龍太郎首相が行なった例外的な参拝を除けば、同一三年の小泉純一郎首相の参拝再開まで一六年にも及ぶ。

　併せて、中曽根首相は昭和三〇年の靖国神社春季例大祭に鳩山一郎首相が初めて行ない、以後三〇年にわたって歴代首相が続けてきた春秋例大祭での真榊《まさかき》奉納も取りやめてしまった。それを二二年ぶりに復活したのが安倍晋三首相であり、次の福田康夫首相が見送った後に再び元へ戻したのが麻生太郎首相である（この真榊は二メートルほどの根つき榊に木綿《ゆう》や紙を用いた四垂《しで》、ないし紅白の布帛を付したもので、戦没者に対する感謝と慰霊の気持ちを表すために本殿前に供えられ、「内閣総理大臣　〇〇〇〇」と記入した奉納札が添えてある）。

　ちなみに、首相参拝を再開した小泉首相の参拝についていまだに誤解されていることがある。それは参拝の方式である。なるほど玉串奉奠・二礼二拍手一礼という正式参拝の方式を採らず、一礼方式だったため、中曽根参拝をそのまま踏襲したかのように見られているが、決してそうではない。中曽根首相は非礼にも拝殿の正面から参入したが、小泉首相は一般の昇殿参拝者が集合する参集所から参入し、そこで記帳した後に手水を取って拝殿で修祓を受け、本殿内に入って深々と一礼して合掌、一〇秒ほど黙禱してから再び一礼して退出したのである。小泉首相の参拝は「宗教色を薄めて参拝する」ことを参拝合憲の条件とした歴代内閣の申し送り事項の範囲内で可能な限り礼を尽くすものであった。中曽根参拝との違いがくっきりと見てとれよう。

純然たる国内問題を外交の犠牲に供した不見識さ

さて、〝A級戦犯〟合祀問題に関しては、その意義や合祀の経緯、中国の主張への反論、全国戦没者追悼式や対日講和条約との関係、中国とは異なる世界各国の対応等々、多様な観点から既に繰り返し論じてきているので、詳細はそれらに譲るが（大原康男編著『「靖国神社への呪縛」を解く』など）、とにかく、首相の靖国神社参拝はあくまでも国内問題であるにもかかわらず、毅然たる態度で相手国にことの実相を説明するどころか、その不当な干渉に簡単に屈したことによって、あってはならない外交問題にしてしまった中曽根首相の不見識さ——ここにこそ靖国問題を打開し難い隘路《あいろ》に追い込み、膠着《こうちゃく》化させたそもそもの原因があるのだ。

もっとも、中曽根氏自身は、当時まだ盤石の体制にはなく、靖国問題を格好の攻撃材料として保守派から対日融和路線を批判された鄧小平・胡耀邦体制を危うくさせないために、「敢えて中止に踏み切った」と後に弁明している。たとえ、それが本音の一部だったとしても、純然たる国内問題を他国の権力闘争の一方に肩入れする目的で犠牲に供したという汚点が消えるわけでは毛頭ない。

すなわち、中曽根氏は「私的参拝」を言い出した三木首相による第一のボタンの掛け違いを一応は正したものの、第二の、より重大なボタンの掛け違いをしてしまったという意味で致命的な失策を犯したと言わざるを得ない（ついでながら、中曽根内閣時代に刊行された『内閣制度百年史上巻』が「中曽根首相は、八月十五日、戦後の首相としては初めて、靖国神社を公式参拝した」と記述しているのは誤りである。先述したように、占領末期の吉田首相以来、歴代の首相が「公式参拝」を重ねてきているからである）。

〝A級戦犯〟の合祀取下げを密かに画策

しかしながら、中曽根氏の〝罪科〟はこれにとどまるわけではない。念願であった「公式参拝」の再々開を目指してのことであろうが、昭和六一年一月六、七日の新聞各紙は政府・与党が中国側の意向に副《そ》って〝A級戦犯〟（刑死した七人と拘禁中に死亡した七人の計一四人）を靖国神社から分離して別の神社に祀るという合祀取下げ工作を密かに進めていると報じた。その中心にいたのが後藤田正晴官房長官と金丸信自民党副総裁である。まことに由々しい事態となったわけである。

もともと神道の信仰では一旦お祀りした祭神を外すことなど端《はな》からできない相談なのだが、仮に百歩譲ってそれが可能であったとしても、問題の解決には至らない。次はBC級を分離せよとの要求が出てくるのは間違いない。なぜなら、『人民日報』（昭六〇・八・一五）や中国官営の英字紙『チャイナ・デイリー』(平一一・一一・一二)は靖国神社に合祀されているすべての〝戦犯〟を問題にしているからである。

今日ではかなり知られるようになったが、〝A級戦犯〟の合祀は靖国神社の恣意によってなされたのではない。そもそも占領終了後の靖国神社の祭神合祀は、当時二〇〇万人近くもいた未合祀者の合祀迅速化を求める強い国民世論を受けて、次のような手順で行なわれることになった(昭和三一年四月一九日付厚生省引揚援護局長通知「靖国神社合祀事務に対する協力について」)。

すなわち、まず、靖国神社は合祀者を決定するために、その対象とすべき者を厚生省引揚援護局に照会する。それを受けて厚生省がその都度合祀予定者の選考基準を決定、その基準に従って都道府県(陸軍関係)ないし地方復員部などの国家機関(海軍関係)が合祀予定者を選考し、「祭神名票」というカードに該当者の身上を記載して厚生省に送付する。厚生省はそれをまとめて靖国神社に送り、靖国神社はそれに基づいて合祀を決定する——という共同作業によってなされた。〝A級戦犯〟も昭和四一年二月八日付引揚援護局調査課長通知「靖国神社未合祀戦争裁判関係死没者に関する祭神名票について」によって送られてきた「祭神名票」に基づいて合祀されたのである。

昭和六一年一〇月一四日の『毎日新聞』朝刊は、一面トップに「A級戦犯合祀 国が関与」という見出しのスクープ記事を載せ、〝A級戦犯〟の合祀が他の戦没者の合祀と同様、厚生省から送付されてきた「祭神名票」によってなされたことを初めて広く一般に伝えた。その結果、これまで、靖国神社が〝A級戦犯〟を勝手に合祀したために問題がこじれてしまったという認識に立って、合祀の取下げを画策してきた政府・与党首脳は顔色を失い、この隠微な工作は一挙に潰れてしまったのである。

国立戦没者追悼施設のルーツも中曽根

しかし、こうした事情が判明してからも中曽根氏は一度たりとも持論を変えようとはしなかった。時代は二〇年も降るが、終戦六〇年を目前にした平成一七年六月三日、小泉首相の靖国神社参拝が熱っぽく論議されていた最中に、「A級戦犯の分祀が現実的な解決法だろう」と述べ、さらに「分祀に時間がかかるなら、参拝をやめるという決断も一つの立派な決断だ」とも付け加えて、首相の参拝を牽制しているからである（この二日前には、河野洋平衆議院議長が公邸に首相経験者五人を招き、靖国神社参拝を「慎重に」と働きかけている）。中曽根氏のこの頑《かたく》なな考えが今日もなお飽きもせず加藤紘一・野中広務・古賀誠・石原慎太郎・小沢一郎氏らによって唱導されている〝分祀論〟のルーツである。

付言しておくと、この種の論者は、刑死もしくは獄死し、靖国神社に合祀された一四人のことばかりに気を取られているようだが、〝A級戦犯〟はこれらの人々だけではない。もし「死」

によって責任をとった（いや、とらされた）一四人――その中には戦争終結に向けて尽力した東郷茂徳氏（東條英機内閣の外相　禁錮二〇年に処せられ、服役中に病死）もいる――の合祀を不当とするならば、同じく〝A級戦犯〟として有罪にされ刑に服し、釈放された後に国会議員に当選して外相になった重光葵（東條・小磯國昭内閣の外相　禁錮七年）、法相になった賀屋興宣（東條内閣の蔵相　無期禁錮）両氏の復権も問題とすべきではないのか。中曽根氏はかつて改進党の衆院議員として重光氏を党の総裁として戴いたことがあったし、石原氏は自著で賀屋氏のことを最も尊敬する人物の一人として挙げているからである。

もう一つ、ルーツと言えば、こういうこともある。小泉内閣の福田康夫官房長官の主導下で靖国神社に代替する国立戦没者追悼施設の建設が企てられたことがあった（福田氏は外務省の〝チャイナ・スクール〟に近い親中派で、主として中国に配慮してこの構想を推進）。これには過去にいくつか先例があり、最も古いのは、靖国神社国家護持運動がピークに達していた昭和四七年に反対派への妥協から靖国神社とは別の慰霊施設として構想された「不滅の灯火《ともしび》をともす大殿堂」計画であるが、この発案者は当時自民党総務会長であった中曽根氏なのである。まさに往年のニックネーム〝風見鶏〟の面目躍如たるものがあるだろう。

〝戦犯〟の処遇は講和条約とは何の関係もない

話を元に戻すが、これまで〝A級戦犯〟合祀問題は主として中国政府からの抗議という形で浮かび上がってきたものの、ことの本質はあくまでも日本の国内問題に属するものと見られてきた。それが単なる日本だけの問題にとどまらない、国際条約にも抵触することがらだ、という意味の批判が与党の有力議員の口から飛び出したのである。

中曽根参拝から三か月余りたった昭和六〇年一二月四日付で配信された共同通信記事によれば、中国を訪れていた桜内義雄衆院議員（前外相）は、呉学謙外相と会談した後に記者会見し、「靖国神社へのA級戦犯合祀は、戦犯を認めたサンフランシスコ講和条約十一条からみて問題があるとの見解を表明した」というのである。

たしかに、同条約一一条には「日本国は、極東国際軍事裁判所並びに日本国内及び国外の他の連合国戦争犯罪法廷の裁判を受諾し、且つ、日本国で拘禁されている日本国民にこれらの法廷が課した刑を執行するものとする」と規定されているが、当時の西村熊雄外務省条約局長の国会答弁でも明らかなように、「裁判の受諾」は「裁判の判決の効力」の維持に関することに限られるので、昭和三三年五月末日をもって最後の〝戦犯〟が釈放された段階で本条の使命は事実上終わっている。したがって、刑の執行とは関係のないところで〝戦犯〟をどのように処遇するかは主権回復後の日本人の自由意思に委ねられることがらであって、同条約一一条とは何の関係もない。関係ありとすれば、先述した重光・賀屋両氏の復権も条約に触れることになろう。

桜内議員は中曽根派の重鎮の一人であったから、既にA級分祀に傾きつつあったと見られる中曽根氏の意を体してこのような見解を表明したのかもしれない。あるいは、昭和五七年の第一次教科書問題（高校の日本史教科書の検定において、文部省が「侵略」という記述を「進出」に改めさせたというマスメディアの誤報が原因となり、教科書検定基準に「近隣諸国条項」が新たに設けられた）に際して、「日本の対中国戦争が侵略戦争であったことは極東国際軍事法廷で認定された事実であり、戦争史の改竄は日本の〝内政問題〟ではなく、根本的には国際法に違反するものだ」（韓幽洞中国の法学者）と主張して、教科書の検定という国内問題を強引に国際関係の文脈に引き込もうとした前歴のある中国側の巧妙な誘導に乗せられたのかもしれない。

いずれにせよ、中曽根氏は桜内発言に同調したと見てよい。翌昭和六一年八月になされた靖国問題に関する中曽根答弁は「過去においてアジアの国々を中心とする多数の人々に多大の損害を与えたこと」を「深く自覚」し「反省」するという謝罪史観を述べた上で、わざわざ「サンフランシスコ平和条約第十一条によって極東国際軍事裁判所の裁判を受諾しております」とまで言及した。明らかに〝A級戦犯〟合祀が対日講和条約一一条に抵触するかのような示唆を含んでいるからである。これも今日まで尾を引いている遺憾この上ない問題である。

国家の威信を損ね、国内にも不必要な亀裂

中曽根氏のこれまでの発言の中でとりわけ憤慨に堪えないのは平成一一年六月七日の『毎日新聞』に掲載されたインタビューである。そこで中曽根氏は「A級戦犯が合祀されていることを、その当時我々は知らなかったんです」と弁明しているが、周知のように、A級合祀が公になったのは問題とされた参拝の六年前、昭和五四年四月のこと。

時の大平正芳首相は「A級戦犯あるいは大東亜戦争というものに対する審判は歴史がいたすであろうというように私は考えております」と明確に言い切って靖国神社参拝を重ねた。それを知らなかったというのなら、与党の有力政治家として情報に鈍感すぎるが、それは措《お》くとしても、さきほどの「靖国懇」の報告書には「極東軍事裁判においていわゆるA級戦犯とされた人々が合祀されていることなどには問題があるという意見があった」という一節がある。

この意見の当否はともかく、事実上自分が諮問させた懇談会の報告書に記載されていることを「知らなかった」というのなら、とんでもない不勉強であり、無責任でもあるし、本当は「知っていた」のだとしたら、とんでもない虚言というほかはない。いずれにしても知的不誠実を免れまい。

最後に断っておくが、中曽根氏が靖国神社問題に熱心に取り組んできたという事実は否定しない。「公式参拝」を復活させた昭和六〇年の前年である五九年には歴代の首相として年間最

多となる四回の参拝（初詣・春季例大祭・「終戦の日」・秋季例大祭）を行なっていることでも分かる。

しかし、外国の圧力に屈して参拝をやめたことによって、国家としての威信を著しく損ねたばかりでなく、その政治的選択を正当化するために、なりふり構わぬ詭弁と術策を弄したことも加わって、対外的には有力な外交カードを隣国に与え、国内的には国民の間に不必要な思想的亀裂を拡大させた罪は、まさに〝万死に値する〟と言っても過言ではない。

もう遅きに失したきらいはあるが、中曽根氏に一言申し上げたい。他のことはいざ知らず、こと靖国神社問題については、今後は一切沈黙を守って晩節を全うされんことを……。

大原康男《おおはらやすお》

一九四二年、滋賀県大津市生まれ。六五年、京都大学法学部卒業。日清紡績株式会社勤務を経て、七八年、國學院大學大学院博士課程（神道学専攻）を修了。同大日本文化研究所に入所。同研究所教授を経て、國學院大學神道文化学部教授。博士（神道学）。著書に『いわゆる「A級戦犯」合祀と靖国問題について』『現代日本の国家と宗教――戦後政教問題資料集成』『「靖国神社への呪縛」を解く』等がある。

第6位 野中広務

——自虐外交の嚆矢となった「不戦決議」

潮匡人

根拠をベールに隠して攻撃する

衆議院議員を七期務め、自治大臣、内閣官房長官、自民党幹事長など要職を歴任。マスコミが「影の総理」と評したごとく、自民党の実力政治家として内政と外交を牛耳った。その政治姿勢と行動原理を、野中広務著『私は闘う』（文藝春秋）から検証しよう。

そもそも同書は、村山内閣の閣僚を務めた野中氏が「危機管理を知らない」「決断をしない」「先送り内閣」などの村山評が「歴史として定着してしまうことにどうしても我慢がならなかった」との執筆動機から出版された。村山政権を擁護した同書が最も激しく攻撃した相手は小沢一郎党首（新進党・当時）である。

「小沢さんについてはまだ世の中に具体的に明らかにできないことが沢山あるが、他の人々に迷惑をかけるので、私の死後明らかになるように書き残している」

これでは小沢氏も反論できまい。沢山あろうと、中身は誰にも分からない。まさに反証不可能であり、非民主的な論法であり、卑劣な姿勢だ。

どんな爆弾原稿か知らないが、野中氏は「他の人々」と心中するわけではあるまい。ゆえに「死後」も「他の人々に迷惑をかける」可能性を否定できない。つまり「迷惑」云々は、生前に公開しない理由となっていない。良識の範囲を大きく逸脱した脅迫まがいの文章である。

自著で、ここまで激しく小沢代議士を罵倒したあげく、その後あっさり、小沢自由党との連立政権で、内閣官房長官に納まった。『「保・保連合」構想』を「体を張ってでも阻止しようと考えていた」その人が……。

政策ではなく政局で動く。小沢民主党に対する批判は、野中氏にも当てはまろう。

その防衛論も看過できない。

「これまで、制服組幹部が直接政治に出るというコースは自民党の中にはなかった。それは、シビリアンコントロールに対する暗黙の合意があったからだ」

なんじゃや、そりゃ。日本国憲法が自衛官にも保障する人権を奪う「合意」とは、いったい何なのか。元軍人の政治家を多数輩出する欧米では、あり得ない暴論である。ここでも氏は論拠を「暗黙」のベールで包み隠す。

中国・朝鮮への歪んだ歴史認識

驚くのは、その歴史認識だ。

「日本の侵略の爪痕として長く日韓、日朝間の刺となっていた、従軍慰安婦問題を、従軍慰安婦基金を創設することで、解決へ一歩前進させた」と村山内閣を絶賛し「戦前の私たちは知らないうちに、教育をされ、戦争に突入していった。私はこうした民族性に恐怖を感じる」と書いた。自国の「民族性に恐怖を感じる」政治家が「影の総理」に上りつめた事実にこそ私は「恐怖を感じる」。

戦争世代特有の歪んだ歴史認識に起因する外交政策によって失われた国益は計り知れない。国を売ったに等しい。

平成十一年には北京郊外盧溝橋の人民抗日戦争記念館を視察、（後に批判を受け撤収を余儀なくされた）事実無根の展示内容を「正しい歴史観」と認め、中国共産党中央対外連絡部長から「正しい見解」と、お褒めの言葉を頂戴した（同年十一月二十七日付『産経新聞』）。最近も昨年末の「南京事件七十一周年集会」で自虐的な暗黒史観を披瀝、北京政府公認の「正しい見解」を墨守する。

恥じることなく日朝友好議員連盟幹事長を務め、訪朝を重ねたのも「正しい歴史観」からであろう。

野中代議士いわく「拉致疑惑があるから食糧は送るなとの意見が強いが、従軍慰安婦や植民地、強制連行があった。近くて近い国にしたい。日本はコメが余っているのに隣人を助けることができないのは恥ずかしい」（平成十年四月七日付『産経新聞』）。日本が北朝鮮に食糧支援を続けたのは、野中政治の〝功績〟である。

仮に百歩譲って「従軍慰安婦強制連行」があったとしても、現在の外交政策とは別次元の話に過ぎない。野中氏が助けるべき「隣人」に拉致被害者や家族は含まれていない。それこそ「恥ずかしい」政治感覚であろう。

戦争体験に起因する反軍思想が、倒錯した自虐外交を生んだ。外務省は「日本国及び日本国民の利益の増進を図ることを任務とする」（外務省設置法第三条）。日本でなく近隣諸国の利益増進を図る売国的な自殺外交は、政治的にも倫理的にも、法的にも許されない。

最近の例を挙げよう。平成二十一年四月十九日にTBS系列で放送された「時事放談」にコメンテーターとして出演。四月五日に北朝鮮が「人工衛星」と称して発射したテポドン2に関して、以下のとおり発言した。

「(四月) 九日には、金正日が国防委員長に再選されるんだから、そのために国民に士気を上げようということじゃないのかと。それにしては、まあその北も北だし、日本も日本で、イージス艦を出し、戦争ごっこみたいな大騒ぎをし過ぎていると。そしてその間に法律もないのにアフリカまでソマリアまで日本の護衛艦が出かけていくと。何かね、恐ろしい感じがしましてね。（中略）日本は整然としていく余裕を持ってくれなければ（困る）。こんなに踊って、そしてその間に法律もないのに海上自衛隊が出て行くなんて、これは取り返しのつかない道をひた走っているんではないかという気がしてなりませんね」

国連決議や平壌宣言を無視して弾道ミサイルを発射した北朝鮮ではなく、迎撃態勢を採った日本政府を「大騒ぎをし過ぎている」と批判している。加えて、国連決議などで要請された海上自衛隊による海賊対処を含めて「取り返しのつかない道をひた走っている」と非難する。

集団的自衛権行使を禁じられた自衛隊はハワイやグアムに向かうテポドン2を迎撃できない。ソマリア沖の海自派遣部隊は外国船を護衛するための武器使用が許されない。事実、外国船から救援要請を受け、海賊船にサーチライトを照らし、大音響を発する措置しか取れなかった。こうした一国平和主義こそ「取り返しのつかない道」ではないだろうか。

最悪の「村山談話」を生んだ野中の「不戦決議」

野中流「反戦平和」政治がもたらした最大の禍根は「不戦決議」である。戦後五十周年に当たった平成七年四月十日、野中代議士は代表質問で「『不戦の誓い』をすべき」と演説。翌月九日、村山内閣の連立与党（自社さ）が提出した決議案は衆議院本会議で可決された。それを氏は「反戦平和」の「理想を、形にした」と評価する（前掲著）。

歴代自民党政権が墨守し、今も自衛官の踏み絵に活用される「村山談話」も、不戦決議の産物である。野中政治は日本国に癒えない致命傷を残した。

西暦上「世紀末」となった平成十二年には、森喜朗代議士を在任中に急逝した小渕恵三首相の後継首班に担ぎながらも、いわゆる「加藤の乱」を受け、党幹事長を辞任。「腹心」「申し子」と評された古賀誠代議士を後任に押し立て「野中院政」を敷いた。

その後、翌年の自民党総裁選で藤井孝男代議士を擁立するも、小泉純一郎候補に大敗。小泉支持に回った議員を「毒まんじゅう」を食べたと誹謗した。この表現が同年の流行語大賞となり、野中氏は晴れて授賞式に出席する。

引退後もメディア露出を続けるダーティーな輩

同年十月に政界を引退したが、その後も、地盤の選挙区から後継候補を擁立するなど、権力への色気を隠さない。今もマスメディアの寵児として、政治的発言を続けている。

事実、小泉政権を「非情の政治」と酷評。靖国参拝への批判を重ねた。憲法改正を掲げた安倍内閣も酷評。反安倍の世論形成に努める一方、親中姿勢をあらわにした福田内閣に秋波を送り続けた。

親中・親北朝鮮の姿勢を貫き、媚中派の居城である日中友好協会の顧問も務めた。だからであろう、北京五輪開催前の昨年四月十七日、中国共産党中央対外連絡部長と会談し「チベット問題は中国の内政であり、われわれはこの問題を利用したオリンピック大会のボイコットと破壊に反対する」と表明した。

国際社会の非難を浴びた中国のチベット弾圧を黙認したわけである。当然のごとく、北京五輪に正式招聘された。北京御用達の代弁者と堕している。

最近は、麻生首相をテレビ番組で「天敵」と公言、得意の口汚い誹謗を連ねている。昨年八月二十四日放送のＴＢＳテレビ「時事放談」では「麻生総裁になったら、私は生命を賭けて国民に分かるようにしますよ」と脅した。

だが、一年近くを経た今も、国民には何の話か分からない。もし、それが部落差別問題に関する両者の対立を指すのなら、そう明言すべきであろう。

平成十六年の日歯連闇献金事件では、一億円小切手授受の現場にいたと報じられたが、なぜか起訴猶予で終わり、(国民を代表する）検察審査会が不起訴を「不当」と決議した。

ちなみに起訴猶予は、刑訴法上「訴追を必要としない」だけで犯罪としては成立している。法的には、潔白でも灰色でもない。

これほどダーティーな政治家が、なぜか今もマスコミの寵児として世論を左右する。平成十四年には、勲一等旭日大綬章も受けた。野中政治は、日本国が保守すべき垂直次元の柱を台無しにした。

潮匡人《うしおまさと》

一九六〇年生まれ。帝京大学准教授。財団法人「国家基本問題研究所」評議員。早稲田大学法学部卒。同大学院法学研究科博士前期課程修了。防衛庁・航空自衛隊勤務（元三等空佐）、私大専任講師、防衛庁広報誌編集長等を歴任。著書『常識としての軍事学』『司馬史観と太平洋戦争』『やがて日本は世界で「80番目」の国に堕ちる』『自衛隊はどこまで強いのか』（田母神俊雄氏との共著）等。

第7位 竹中平蔵

――日本国を構造破壊し共和制に導く経済マフィア

木村三浩

カジノ資本主義の推進者

竹中平蔵はある意味ですごい。「ああ言えばこう言う」ではないが、自分が行った構造改革の結果について、何ら誤謬がないと確信しているからだ。おまけに「まだまだ改革が不十分だ。徹底しないから現状の混乱がある。文明評論家のように批判するのはおかしい」と、何食わぬ顔をして平然とテレビで述べるのだから恐れ入る。

これは、小泉・竹中の政策を検証する著書を出版した加藤紘一と竹中平蔵が、五月二十四日、テレビ朝日の『サンデープロジェクト』で、いわゆる「改革」の是非を問うガチンコ対決をしたときの発言である。

加藤が「改革で地方の疲弊は程度を超えている。あなたの考えには、社会（への配慮）がない」と竹中に詰め寄る。すると竹中は、「加藤さんは（経済が停滞した）『失われた十年』を作った責任者だ。それを終わらせた小泉さんを文明評論家のように今さら批判するのはおかしい」と反論した。双方が持論を展開したのだが、竹中は加藤の発言に一切聞く耳を持たず、まさに「立て板に水」のごとく、小泉同様のワンフレーズで「あなたは抵抗勢力だ」という印象操作に余念がなかった。

これまで、郵政民営化を象徴する改革路線こそが正しいものとして、『日経新聞』を筆頭にマス・メディアが躍らされ、その路線に異を唱える者を「抵抗勢力」と断罪し、国民の関心を惹きつけた。だが、それもここにきて徐々にほころびが出始めている。しかも実態が、アメリカからの「年次改革要望書」に沿って日本国の国富、国益、社会をずたずたに引き裂く役割であったとの認識が広まっている。にもかかわらず、依然として竹中は、地方の疲弊など意に介さず、「痛みを伴うのは予想されていたこと」「国の隅々まで目配りをすることのほうが大きな政府への逆戻りでナンセンスだ」といわんばかりである。

政策実行者でありながら、セーフティネットを構えず、〝あとは野となれ山となれ〟の無責任さに頬被りを決め込んでいる姿勢には呆れてしまうが、そこには冷徹な利害、打算だけを根底にする勝ち負けの論理が見え隠れする。こういう思考と感性は、和を尊ぶ日本人的な心情とはかけ離れているといえよう。

番組を見ていてつくづく感じたのは、市場の論理を優先させ、カジノ資本主義の悪辣さを隠蔽し、さも正しいように取り繕っているという点だ。

たとえば為替レートの問題では、いくらコストダウンをして企業業績を上げても、為替レートの大変動があれば結局コストは吸収しきれない。努力が一朝一夕にして吹っ飛ぶ。企業経営は実に不安定なものとなり、一国ではまかないきれない問題が浮上する。

ヘッジファンドなどハゲタカといわれるマネーに狙われると、企業はおろか国家も危なくなることは、すでに広く認知されている。その始末の悪いカジノ資本主義に乗ろうと進めたのが竹中である。昨今、投資ファンドなど金融機関の自由放任性についてはグリーンスパン（前FRB議長）ですら反省しているところだ。

今さら述べるまでもなく外資系ファンドは、安く買い叩き、高く売り抜いて利ざやで儲ける。儲からなければ即刻撤退する。このような利益偏重の外資に、国の命運など担わせるわけにはいかないのは当然だろう。

国富、国益、社会を「献米」する代理人

しかも気がかりな部分がある。竹中平蔵が、日本国の伝統文化、社会秩序にどれほど愛着を持っているのかわからない点だ。

というのも、国や社会についての言及が極めて少ないからである。また、「文明評論家のよ

うなことを言っている」と加藤を批判したが、このような文化人類学、哲学的な抽象性が強いものは荒唐無稽で雲をつかむような価値のないものと判断しているのだろう。したがって竹中の思考の中には、文学などの人の営みは、簡単に金に換算しづらいものとの理解がある。

さて竹中が批判して止まない文明とは何なのか。通説にしたがえば、一定の地域に人々が定住し、文字を持ち、言語が統一され、交通網が発達し、都市化がすすみ、国家的政治体制のもとで経済状態・技術水準などが高度化された状態のことである。だが私流に定義すると、「道徳」ということになる。人が営々と築いた精神でもある。

となれば、国、社会、人々が疲弊しきってしまったら、文明など形成される術もなく、素地も育たない。このぐらいのことは竹中だってわかっているはずだ。

だが、あえてリアリストとして振舞おうとしているのは、経済動向を勝ち負けの視点で還元するという論理に徹底しているからにほかならない。だから、あのような思考になってしまうのではないのか。人・モノ・金が自由に移動でき、特定の共同体を忠誠の対象として見出し、帰属していけば、少しは考え方が変わろう。しかし、合理主義的な解釈のカジノ資本主義に忠義を示しているだけであれば、いつになってもそのような思考性を身につけられないのは明快である。

竹中は小泉内閣における構造改革、郵政民営化を手掛ける仕掛け人として小泉純一郎に請われ、小泉劇場の中心的役割を果たした。小泉と竹中、この二人に我が国の国益や共同体が解体される憂き目に遭ってしまったが、政策転換も余儀なくされるだろう。

再三述べてきたように、竹中はアメリカ金融界と密接な関係を持っている。そしてその代理人と成り下がっている姿こそが彼の正体といってよい。構造改革を実行するために、体制内に放たれた「トロイの木馬」のオデュッセウスのような役回りなのである。

だからこそ、自民党内から「議員でもないくせに何を言っているんだ」という批判が出ると、参議院議員にもなり、「有言実行」性をアピールしたのである。ところが小泉内閣が終了し、郵政民営化が達成されれば「一丁上がり」とばかりに、任期を四年近くも残して議員辞職してしまった。国民の負託に応えるという使命を簡単に放棄したのである。しかも最近では、議会で答弁するより、民間にいたほうがより影響力を行使できるとまで言って憚らない。

議席確保は目的遂行のための一つの手段と考えていたのだろうが、国民の支持を受けていたわけだから、そんなに軽いものではないはずだ。まさしく国民の生命、財産を蔑《ないがし》ろにして、自己の役割に徹しきる姿は、アメリカの代理人として「あっぱれ」というしかない。これは極論かもしれないが、日本国民の生存と繁栄に責任を持っていないということを意味する。すべて自己責任だというのだ。こんな人物が国会議員でなくて、逆の意味ではよかったかもしれない。

ただこうなると、竹中平蔵の容姿を「とっちゃん坊や」などと言って揶揄してばかりもいられない。国を売る危険な人物、経済マフィアとして烙印をしっかり押しておかなければならない。

一年前には「日本郵政はアメリカの金融機関に出資せよ」などと、BSのテレビ放送で語っていたが、どうもその馬脚をあっちこっちで現し始めたようだ。

ひところ「竹中応援団」を自認していた中谷巌（一橋大学名誉教授）が、のちに「竹中にはコミュニティがない」と雑誌のインタビューに答えている。まさしく竹中の発想には国や社会に目を配る総合的な視点が欠如していることを物語ったものだ。

共和主義者として構造破壊に奔走する仕掛け人

さらに重大なこととして、二〇〇五年の衆議院選挙において、ホリエモンこと堀江貴文は、小泉旋風に便乗するかのごとく、「改革」を旗印に、亀井静香の地盤であった広島六区から無所属で立候補した。

堀江は立候補にあたり、日本外国特派員協会での講演で、「憲法が天皇は日本の象徴であるというところから始まるのは、はっきり言ってものすごく違和感を覚える」「歴代の首相、内閣、議会が変えようとしないのは多分、右翼の人たちが怖いから」「インターネットの普及で世の中の変化のスピードが速くなっているから、リーダーが強力な権力を持つ大統領制にした方が良い」などと、天皇をいただく立憲君主制度を否定する発言をした。

この堀江に対し、当時の自民党幹事長であった武部勤は、堀江が無所属での立候補であったにもかかわらず、「我が弟」などと持ち上げ、亀井への敵意をむき出しにしたのである。同様に竹中もわざわざ広島入りして堀江を応援した。堀江が天皇への尊崇の念を持っているとは思えない。しかも、選挙戦を迎え、あえて憲法と天皇の関係に言及したのは、タブーにでも切り込む〝カイカクの旗手〟気取りの浅知恵パフォーマンスであった。竹中がこんな人物を支持したということは、党執行部の要請もあったろうが、竹中自身の中にも同様の思想が宿っているからにほかならない。共和制主義者の正体を現したということだ。

竹中は、当然日本国籍を有するだろうが、その忠誠の対象はアメリカであり、拝金である。彼のアメリカ追従姿勢はその人脈によっても明らかだが、一言でいって竹中とは、アメリカの論理を持った傀儡として日本に送り込まれた輩にすぎない。頻繁にアメリカ大使館との食事会に出席するなど密接な関係を保ち、日本からアメリカに金を繰り出す役を負わされて、そのおこぼれをもらっているのだ。

本来ならば、経済動向や市場を見据えながら国益を守り、社会環境や国民意識を勘案しつつ、「経国済民」の理念を基調としていかなければならない。ところが竹中のように市場経済一辺倒でただただアメリカ追従の経済政策を打ち立てるとすれば、それはもはや「改革」ではなく

「構造破壊」といっても過言ではない。いわば、いじってはいけないところを掻《か》き毟《むし》ったため、国の屋台骨がおかしくなってしまったのだ。この罪は決して小さなものではない。

今年五月には、宿泊施設「かんぽの宿」のオリックスへの譲渡問題を巡り、民主、社民、国民新の野党三党の有志議員十二名が、日本郵政の西川善文社長を特別背任未遂罪などで東京地検に告発した。西川はあくまで無実を主張し、続投の姿勢を示したが、そもそもこの西川を日本郵政の社長の座に強硬に据えたのも、かの竹中なのである。

時を同じくして有楽町のニッポン放送で映画『ハゲタカ』の試写会が開催され、竹中はタレントの松村邦洋とともに出席。同映画は、二年前にＮＨＫで放映された同名ドラマを映画化した作品である。「ハゲタカ」の異名を持つファンドマネージャーが、日本の大手自動車メーカーの買収を画策する中国国家系ファンドと激しい攻防を繰り広げる――という内容である。

この作品の中で描かれる巨大買収劇に関して、竹中は「設定がとてもリアル。巨大な資金を持つ中国ファンドが日本の企業を買収することは十分にあり得る」と、中国への危機意識を鼓舞するかのような発言をした。たしかに中国が日本経済にとって今後一つの脅威となることに間違いはない。しかしながら、外国の日本企業買収ということでいえば、すでにアメリカはどうなのか。アメリカの代理人である竹中が、アメリカの存在をカモフラージュするためにわざわざ中国についてコメントしているのではないか。竹中個人が身も心も「貢米」するのもさることながら、日本国の国富、国益、社会を「献米」する「構造破壊」は断じて許されない。そのあとの共和政体を目論んでいる狙いを含め、天誅！

木村三浩《きむらみつひろ》

一九五六年、東京都生まれ。新右翼団体「一水社」代表。国際組織NASYO（非同盟諸国学生青年会議）常任理事。高校時代から民族思想に傾倒し、急進的新右翼組織「統一戦線義勇軍」に参画。一九八一年、一水会の門を叩き、前代表・鈴木邦男の下で運動に邁進、二〇〇〇年から代表を務める。イラク、セルビア、ロシア、フランス各国を歴訪し、国際的な視点で活動を展開。著書に『憂国論』『「男気」とは何か』等がある。

第8位 福田康夫

――無為、無内容、無感情

潮匡人

総理になりたくなかった男の空虚な中身

小泉純一郎内閣以降、内閣官房は登録したネット読者に、首相のメルマガを配信している。当然の如く、福田康夫首相も、メルマガを発行した。だが、小泉内閣と違い、福田首相のメルマガは、その中身が話題に上ることすらなかった。不得手なことなら、別の手段で広報に努めるべきだった。なかでも、辞任表明後に出した最後の一通は悲惨だ。

日付は平成二十年（二〇〇八年）九月十一日。米国で同時多発テロが起きた日である。一言あってしかるべきであろう。だが、福田内閣は以下の文言だけを記した。

「これまで、福田内閣メールマガジンをご愛読いただきましてありがとうございました。」

なんたる素っ気なさ。中身以前に、最後のメルマガを発行するには早過ぎよう。福田内閣が総辞職し、麻生内閣が誕生したのは同年の九月二十五日。九月十一日から二週間後の同じ木曜日である。その間、内閣は日本国民に何の広報もしなかった。

説明責任を果たす。福田首相はそれすら、放棄した。加えて、政治責任も放棄した。実質的には、九月一日の辞任表明会見以降、二十四日間にわたり、日本に内閣は存在しなかった。法令上は存在したが、事実上は機能していなかった。首相は自ら、政治空白をつくって見せた。

福田康夫氏は、首相就任以前（二〇〇五年五月五日）に刊行された衛藤征士郎代議士との対談本『一国は一人を以って興り、一人を以って亡ぶ』（KKベストセラーズ）の中で、こう告白している。

「私は話すことに自信がないから極力活字にはしないことにしています（以下略）」

福田氏は、話すことに自信がないから極力活字にはしないことにしていた方だ。事実、ネットで検索し、唯一ヒットするのが右の対談本である。

なるほど、辞任表明会見でも、記者に「他人事《ひとごと》のように聞こえる」と追及され「私は自分自身を客観的に見ることができるんです。あなたとは違うんです」と逆ギレする場面が全国中継された。

真面目ですらなかった黙殺と放棄の男

同書の中で「私は（総理に）なりたいと思ったことはないし、資格もないですよ」とも語る。

一年生議員の発言ではない。内閣官房長官を最長期間（三年半）務めた上での告白である。自ら資格がないと吐露した政治家が、その後、総理の椅子に座った。首相の資格がないと本心から思っていたなら、なぜ総裁選に立候補したのか。

同書で語った外交姿勢についても疑問を禁じ得ない。

「日本は外交を進める際に、背景に軍事力をチラつかせるようなことを一切せず、戦後一貫してやってきました。他の国はそういうものも広い意味での外交戦略の中に組み入れてきたし、その点は日本が他の国と異なる部分です。日本はその方法を取らないで、外交を進める上での一番大きな影響力としてODAに力を入れた平和戦略を推進してきました」

外交とは華麗な衣装を纏《まと》った軍事に他ならない。ナポレオンはそう喝破した。陸奥宗光も「要するに兵力の後援なき外交はいかなる正理に根拠するも、その終極に至りて失敗を免れざることあり」（『蹇蹇録』）と書き残した（拙著『やがて日本は世界で「80番目」の国に堕ちる』）。

だが、福田氏の認識は違う。しかも対中外交に関して「環境の問題も協力が必要でしょう。こうした部分においては、円借款は終わったとしても、様々な形で協力が必要です」とも語った（同前）。役割を終えたはずの対中ODAは姿を変え、今も続く。

福田氏の憲法観にも疑問を禁じ得ない。

「憲法改正はしないで今のままでできることをやっていけば良いんです。それは正に日本の戦

後の平和外交そのものということでしょう」（同前）

事実、福田内閣は、小泉、安倍両内閣の改憲路線を百八十度転換させた。集団的自衛権問題では、安倍内閣が立ち上げた有識者懇を無視したあげく、その答申を黙殺。問題の解決を放棄した。法案まで出来ていた日本版ＮＳＣ（国家安全保障会議）の設立も放棄した。安倍内閣が取り組んだ公務員制度改革にもブレーキをかけた。以下の発言も空疎に響く。

「四年（政権を）堅持できないような人はならないほうがいいです。一年間全力投球でやりますなんて言う人は駄目ですよ」「最低四年、それ以上の時間を政権には与えていただきたいと考えています。そうしないと、真に国のことを考えたとしても成果が上がらない」

ならば、福田内閣は、どのような成果を上げたのか。自分で内閣を改造し、自ら、政権を放り出した。これなら、首相にならないほうがよかった。そう、自分自身に〝駄目出し〟すべきであろう。

「敢えて言えば、トップは真面目にやるのが一番ということです。役人に真面目にやってもらうには政治家が真面目にやるしかないんです」（同前）

福田首相は辞任表明後、自衛隊高級幹部会同をドタキャンした。代理も立てず、官邸に引き籠った。福田首相には、インド洋から帰国した海自部隊の歓迎行事を理由もなく欠席した前科もある。前代未聞の最高指揮官である。辞任表明後、いわゆる「ぶらさがり会見」も拒否、メルマガも廃刊した。国民への説明責任すら果たさなかった。その間も、福田氏が日本国の内閣総理大臣である。「客観的に見て」そうである。最後まで真面目に全力投球すべきであろう。

福田首相の亡国的な姿勢は、組閣の記者会見でも露見した。なかでも惨憺たる有り様を見せたのは、第二次福田内閣の閣僚会見。会場に掲揚された国旗に対し、登壇時、降壇時ともに敬礼したのは町村信孝官房長官ただ一人。驚き、悲しむべきことに、福田首相が直立不動で正対した相手は国旗ではない。カメラの放列である。マスコミには敬礼しても、奉仕すべき国家の象徴には欠礼する。まるで本末転倒だ。外務省設置法第三条は外務省の任務をこう規定する。

「外務省は（中略）国際社会における日本国及び日本国民の利益の増進を図ることを任務とする」

軽薄な偽善と売国の所業の数々

日本の国益増進を図る。そのために外務省は存在する。さて、福田外交は、日本の国益増進を図ったか。そうは見えない。日本が議長国となった平成二十年の洞爺湖サミットを取り上げよう。キーワードは「地球愛」。

サミットに当たり、「地球を考える会」が福田首相に「地球愛」を提言した。メンバーには東大、京大、早大の各総長や慶應義塾塾長、読売新聞やフジテレビジョン、トヨタ自動車の会長らが名を連ねる。提言は「世界に広めたい地球愛」と題して、こう締め括った。

「まず、日本国内で地球愛確立の国民運動を起こすことだ。さらに、それを世界に広げるべく最大限の努力を払うことが必要だろう」

提言を受けた福田首相は納得したようだ。一週間後の各紙朝刊に全面広告の政府広報（外務省）を出した。推計で広告費は億単位にのぼる。

首相いわく「【日本人＝地球人】として誠実に。」。

最後の句点同様、「地球人」の意味も分からない。「地球愛」同様、辞書にもない。

本来なら当たり前の話だが、「日本人＝地球人」ではない。日本人とは「さかのぼれる限りの先祖から日本列島に住み、日本語を話している人」である（『新明解国語辞典』）。「地球愛」も「地球人」も無意味で軽薄な偽善である。発想自体、不誠実きわまる。

日本政府が守るべきは、地球ではない。日本国である。福田議長は、テロ支援国家指定解除問題で、ブッシュ大統領に釘をさすことも放棄した。環境問題であれ何であれ、「地球人」として「地球愛」を理由に譲歩するのは、日本国首相として無責任な偽善である。

平成十九年九月十五日、自民党総裁選出馬の記者会見で、靖国参拝を問われた福田康夫候補は、平然とこう答えた。

「お友達の嫌がることをあなたはしますか。しないでしょう。国と国との関係も同じ。相手の嫌がることを、あえてする必要はない」「私の外交姿勢は、どの国ともできるだけ滑らかに、そして平和な関係を築くことだ」

事実、福田首相は北京五輪の開会式に笑顔で出席。他方で、靖国参拝は自粛した。毒入りギョーザ事件でも北京五輪でも、中国が嫌がることはしなかった。国際社会が懸念したチベット問題でも「関係者間で冷静に解決してほしい」と述べるに留まった。北京政府のチベット弾圧を黙認したに等しい。

以上の外交姿勢を一言で表現するなら、文字通り「お友達外交」である。ちなみに、ご本人はそれを「共鳴外交」と呼んでいた。中身に乏しい人間ほど、言葉を飾りたがる。

単なる言葉遊びなら実害もないが、現実の外交政策に反映されると、国益上の被害は甚大だ。

洞爺湖サミット期間中の七月九日、福田首相は中国の胡錦濤国家主席と会談した際、東シナ海のガス田問題について、「(北京五輪で)大変だろうし、その話は無理せずにやっていただいていいから」と述べ、自ら、五輪閉会後への先送りを提案していた(二〇〇八年八月二十五日付『産経新聞』朝刊)。ガス田問題に限らず、ギョーザ事件の捜査の進展など、日中間の諸懸案はみな五輪閉会後へ先送りされた。福田首相自身が「そうした中国の姿勢にお墨付きを与えた」(『産経新聞』)わけである。結局、東シナ海の対中交渉で譲歩したあげく、「『戦略的互恵関係』の包括的推進に関する日中共同声明」なる無内容な声明を発出した。

小泉内閣における福田官房長官の行状にも触れておく。拉致被害者家族に「死亡」と伝達した際の冷淡な態度は我々の記憶に新しい。さらに、防衛省が求めた自衛隊イラク派遣に関する準備命令の発出を拒絶。結果、当初の輸送機を、言わば丸裸で派遣させた。まさに売国政治家の所業と言えよう。

まさに、一国は一人を以って興り、一人を以って亡ぶ。

第9位 森喜朗
――保守を絶滅に追い込んだ背後霊

勝谷誠彦

国柄を貶めた売国奴ウィルス

国を売るというのは、領土や国民を他国に売り渡したり、国家の尊厳を捨てて大陸の独裁者どもに土下座することだけではない。

本来美しかった日本の「国柄」を愚劣で下品に貶めた政治家こそが、真の売国奴として万死に値すると私は思っている。

ひとつひとつの事象で国を売る輩がいても、それはそのこと止まりだ。許しがたいことではあるが、義人が出でて修復に励めば回復可能な場合もある。しかし、この国の政治のシステムそのものに巣くってそれを食い物にする売国奴はよりタチが悪い。なぜならそのシステム自体が機能することによって更に多くの売国奴を作り出し、売国の拡大再生産が行われるからだ。

新型インフルエンザがしきりに問題にされているが、私は売国奴というのもあのウィルスに酷似していると思っている。どんなに注意していても、ある確率で出現し、ひどい時には国を死に至らしめる。しかし、多くの国家でそれが阻止されるのは、人体における免疫のように「義」や「志」を持つ人々や政治家の層が、一定量存在するからにほかならない。

日本国の場合は、それが「保守」と呼ばれる人々であり陣営であり層だった。社会党や共産党といった売国ウィルスが増殖しようとした時、圧倒的に力を持つ保守陣営が、感染しても国家が死に至ることを防いでいた。政党で言えば、とりあえずは自由民主党であったことは否定できない事実だろう。

ところが昭和の世が終わるころから、その「免疫力」が低下してきたのだ。義や志よりも、利権や金権が幅をきかし、筋を通すよりも談合が上手な政治屋が自民党の中で威張りくさるようになってきた。優れた思想や哲学をかざしての論議はなくなり、阿吽の呼吸や恫喝によって、政策が決定されるようになってきたのだ。

このことは実は左翼の売国勢力が跋扈するよりも、国家にとっては深刻なのである。なぜならば、左翼の売国ウィルスは駆逐しても国家という身体は影響を受けないが、保守陣営そのものが狂った方向に暴走を始めると、治療には大きなリスクを伴うからだ。人間の病気でも、もっとも恐ろしいのは自己免疫疾患だと言われている。自分から自らの身体を攻撃しはじめる、あるいは、免疫力が消えてしまうと、いかなるクスリを使っても効果は薄い。ＨＩＶウィルスが人類にとって脅威なのは、免疫力を喪わせるからなのを思い出すがいい。

「横入り」の男が上りつめた首相の座

自由民主党や保守陣営が持っていたその免疫力を奪い去り、左翼陣営顔負けの売国政党に貶めた男、それが森喜朗である。この男が宰相の地位に座った時から、すべてがおかしくなりはじめた。自民党は、本来の保守思想に殉ずるならば、この男の出現で「終わっていた」はずなのだ。ところが、小泉純一郎という希代のトリックスターが愚民を踊らせたために、思わぬ延命をしてしまった。

安倍晋三、福田康夫の首相としての在位がいずれも一年間だったといって、自民党や保守陣営の劣化の象徴とされる。しかし、小泉の出現によって覆い隠されているが、森首相もまたちょうど一年でその座を追われているのだ。まさに「自民党に引導を渡した男」として森喜朗は記憶されるだろう。

さきほど触れたように、義と志を掲げ、それを貫くという本来の保守の考え方から逸脱し、談合で利権を配分し、寝業と嘘と誤魔化しで、権力をカネに変えることだけに汲々とする、そのシステムを見事に作り上げたのが森だった。彼が政治家として歩んできた道のりを見れば、それが本人の血肉として染みついたものであることがよくわかる。

石川県根上町に町長の息子として生まれた森は、早稲田大学に進学する。ここで雄弁会に加入したということが、その後の自民党の党内政治でも役立つ人脈の基礎なのだが、そもそも彼は早大に「スポーツ推薦」で入っているのである。高校時代に入っていたラグビー部が地方の大会で好成績を残したがために、父親の知り合いのコネで潜り込んだらしい。そんな経緯は今ではどこかへ消えてしまい「早大雄弁会出身」という、あたかも最初から青雲の志を抱いて、政治家を目指したかのように人々には記憶されているのである。

森の履歴で次に出てくるのは「産経新聞の記者だった」ことで、折に触れて自分はジャーナリスト出身であるということを番記者などにひけらかしているようだが、大学同様ここでも「横入り」だった。コネを頼って最初に入ったのは日本工業新聞社。それがいつのまにか産経新聞の記者になっているのだ。

ラグビーのコネで入学しながら雄弁会という看板を上書きすることでハクをつけ(しかもラグビー部はすぐに退部している)、日本工業新聞にこれまたコネで入社しながら、気がつくと産経新聞記者の名刺を切っている。

まさに今の日本国を亡国の淵に追い込んでいる「汚い保守」が得意とする、すり替え、言い換え、誤魔化し、談合といった手法を自らの人生にも活用して、政治の世界へと潜り込むことに成功した人物と言っていいだろう。

そして、その本領をここぞという時に発揮したのが内閣総理大臣への就任だった。

密室での談合で決定した後継首相

平成十二年四月二日、時の小渕恵三首相が脳梗塞で倒れる。病床の総理は青木幹夫官房長官に「万事頼む」と言ったとされ、それを根拠に青木が臨時首相代理となった。

しかし、後に多くの証言でこれが真っ赤な嘘だったことが明らかになってくる。

小渕首相が亡くなったあとの順天堂大学側の会見では、小渕さんは搬送された時に既に昏睡状態であり、とてもではないが意思の疎通などできなかったことが明らかにされたのだ。

しかし青木はこれをうまく利用した。憲法第七十条「内閣総理大臣が欠けたとき、又は衆議院議員総選挙の後に初めて国会の召集があったときは、内閣は、総辞職をしなければならない。」には、首相が「意識不明で」ある時の規定はない。それをいいことに、後にデタラメであることが明白になった「万事頼む」という言葉を金科玉条として、首相臨時代理としての権限を行使し、なんと密室における談合で森喜朗を後継首相に決めてしまったのだ。

談合のために集まったのは森喜朗幹事長のほかに村上正邦参議院議員会長、青木官房長官、亀井静香政調会長、それに野中広務幹事長代理だった。党三役の中で池田行彦総務会長だけが呼ばれていない。これは池田が宏池会の幹部だからであって、後継首相の有力候補である、同会の加藤紘一氏を排除するためだったのだろう。

逆に五人組が電話をしたのは創価学会の秋谷栄之助会長だった。

要するに、日本国の総理の本当の病状を国民に隠し情報をコントロールすることによって、有権者の代表である国会が一切関与することなく、逆に国によってはカルト指定も受けている宗教団体のボスの意向は聞いて、総理大臣を森喜朗に決めてしまったのだ。

石にしがみついてでも利権談合共産主義を守ろうという売国奴どもの執念には驚くほかはないが、森には「断る」という選択肢もあったはずだ。「民意を受けずに総理大臣に就任することはできない」と言うこともできたはずだ。憲法違反の疑いがあるとして辞退することもできたはずだ。

しかし彼はそれをしなかった。せずに、これまでの人生と同様に「横入り」のズルで、ついに内閣総理大臣まで上り詰めたのである。日本の憲政史上というよりも、世界の民主主義国家にかつてない奇観と言っていい。

事欠かない「サメ並の頭脳」の証拠

もちろんその治世と末路が悲惨であったことは日本国民ならば誰もが記憶している通りである。大学や会社や自民党ならば「横入り」で誤魔化すことができても、世界を相手に渡り合わねばならない国際政治の舞台では、あっという間に馬脚を現した。本人が恥をかくのは自業自得だが、それらの一連の醜態は日本国の国益を著しく損ない、まさに国を売り続けたのである。

小渕さんがまさにその命を賭して実現した沖縄サミットをいわば「横取り」して乗りこんだ森は、クリントン大統領に「Ｗｈｏ　ａｒｅ　ｙｏｕ？」と話しかけた。「Ｈｏｗ　ａｒｅ　ｙｏｕ？」と間違えたのである。ホスト国の首相から「あんた誰だ？」といきなり言われては合衆国大統領も困っただろう。こういう時はジョークとして受け流すのが外交的儀礼だ。クリントンは「私はヒラリーの夫です」と軽快に切り返したが、それに対して森は「Ｍｅ　ｔｏｏ！」と答えたという。ヒラリーさんを通じて日米首脳が兄弟になってしまってはいけない。「お元気ですか？」「元気です。あなたは？」「私もです」という中学校一年生の教科書に載っている会話を暗記させられたもののサメの脳味噌ではちゃんと言うことができなかったわけだ。

こういうエピソードには事欠かない。「馬鹿みたいな人物」が首相になったことはあったが「正真正銘の馬鹿」が総理の座に座ったのはこの男がはじめてだろう。そして、何よりも日本国民に対して害をなしたのは「馬鹿に対する免疫力」を生んでしまったことだ。以前ならば役職どころか議員バッジまで失ったような失態をおかす大臣がいても、メディアもマジメに追及せず、国民もへらへらと笑って済ませるようになってしまったことだ。

かかる人物がまだキングメーカー面をして中枢に居座っているということで、自民党は保守陣営としては死んだ。日本の正しい保守を森喜朗は絶滅に追い込んだ。

二代後の安倍晋三がいくら「美しい国」と言っても、背後霊のようにあの男がいる限り、国民がついてくるわけもなかったのである。

第9位　加藤紘一

——戦後レジームの滑稽なゾンビ

西村幸祐

はずかしき〈自民党リベラル〉

　加藤紘一は、ある意味、戦後日本の政治状況を最も鮮やかに象徴する人物と言える。九〇年代初頭に官房長官を務め、かつて小泉純一郎、山崎拓と共に時代を変える新しい指導者の一人として、その盟友関係に「ＹＫＫ」なる称号まで冠せられたこともあった。しかし、その後は旧態依然とした自民党の派閥力学による政争の渦中で「加藤の乱」に失敗し、さらに秘書の不祥事で議員辞職、と政治的影響力を低下させたにもかかわらず、絶えずメディアに政権批判の役回りを与えられ、屢々《しばしば》その発言がメディアで必要以上に大きく取り扱われている。簡単に言えば、政権叩きの道具としてメディアに使われているだけなのだが、そんな政治家に果たして存在理由などあるのだろうか？

　そのような加藤紘一の奇妙な存在形態の全てが、戦後日本の社会状況、つまり戦後レジームを反映させた〈いまここ〉の日本の恥ずかしい状況そのものと言っていいだろう。時代を切り開こうというのに旧体制（アンシアン・レジーム）、つまり戦後レジームの枠から決して外に出ず、その政治理念も、加藤本人の意向かどうかは別問題にしても、〈リベラル〉というレッテルが貼られている。そもそも、いわゆる保守政党の自民党に「自民党リベラル」などという言葉まであり、加藤もかつて属していた〈保守本流〉と呼ばれる自民党の派閥、宏池会の故宮澤喜一も〈リベラル〉と括《くく》られていたのだから、この政治的言語の混乱と誤用は児戯にも劣る状態と言える。

つまり、日本における〈保守〉も〈革新〉も本来の意味とは程遠いもので、現在は〈革新〉幻想が醒めたから仕方なしに〈リベラル〉という贋物《にせもの》の言葉が多用されているということに過ぎない。こういった混乱の原因は、言うまでもなく〈戦後レジーム〉に囚われ、脱却できない現在の日本の状況がもたらしたもので、座標軸を失い進むべき道を模索することもできない政治的言語の貧困そのものなのだ。それはそのまま、ジャーナリズムと知識人の驚くべき退嬰と日本社会の閉塞状況ということにもなる。

それを証明するような滑稽なことが平成二十年（二〇〇八）に起きた。加藤は「金正日のサポーター」と人権派弁護士の川人博から命名された姜尚中東大教授との共著、『創造するリベラル』（新泉社）を十二月に出版しているのだ。

戦後レジームのゾンビ

このように、日本には贋リベラルしか存在し得ない状況がある。そんな背景を思い浮べれば、奇妙に感じる加藤紘一の存在形態（カタチ）が誰の目にも明瞭に見えてくる。加藤は山形選出の国会議員の子供として、麴町中学、日比谷高校、東大法学部という美事なエリート本流、王道を歩み、外務省入省後も台湾大学、ハーバード大学に留学しながらも、チャイナスクールに身を置いたのである。またそれは、日本の外交を担う外務省が、どれだけわが国の国益を損なう無能で危険な組織になっているかということを表しているのかも知れない。

現在の加藤紘一は政府与党自民党内で〈死に体〉となっているが、日本流の〈リベラル〉、つまりサヨクとしての絶好のポジションをキープし続けることが可能になった。一人の頭脳明晰な青年が、わが国のエリート本流から〈保守〉本流へ至る王道を着々と歩みつつ、外務省チャイナスクールで香港副領事、アジア局中国課次席事務官を務め上げ、三十三歳で華々しく政治家に転進した三十七年後の末路で、日本を危機に陥れる売国政治家の典型として存在することになったのである。

そんな加藤の政治家としての転落の軌跡は、まさに戦後レジームそのものの象徴であり、〈保守本流〉や〈リベラル〉という言葉の意味さえ通じない次元で、吉田ドクトリンの掌《てのひら》の上で、ただピエロのように踊らされていたということに過ぎないのではないだろうか。

加藤紘一は、幾度か息の根を止められそうになったにもかかわらず、延々と生き永らえる戦後レジームのゾンビのようなものだ。なぜなら、加藤は、故片岡鉄哉が言うところの『日本永久占領』（講談社α文庫）を統治する占領軍に明らかに力を与えてきたからだ。

戦後日本の〈黄金時代〉は間違いなく八〇年代であるが、その真っ只中で加藤は第二次、第三次中曽根内閣の防衛庁長官を務めた。防衛庁長官（現防衛大臣）の人事も国防意識など関係なく派閥力学で割り当てられるだけなのである。中曽根の決定的な誤りは、友好関係にあった親日派の胡耀邦総書記の失脚を恐れ、昭和六十一年（一九八六）から靖国参拝を中止したことだが、当時防衛庁長官であった四十七歳の加藤が北京の意向に沿った働きかけをしたことは想像に難くない。

二つの大罪――ご訪中と加藤談話

加藤の最大の罪の一つに挙げられるのが、平成四年（一九九二）の今上陛下のシナご訪問に関与したことだ。平成三年（一九九一）に宮澤内閣の官房長官に就任すると、自らが属する派閥の長である宮澤を巧みに操りながら、二年前の天安門事件で西側諸国から経済制裁を受け孤立するシナに、天皇をご訪問させようと画策する。まさに外務省チャイナスクールの面目躍如といったところで、天皇のシナ御訪問に反対する広範な国民の世論を欺くように秘密裏に交渉は行われ、閣議決定で天皇御訪問が決定された。

この天皇御訪問を契機として、シナは天安門虐殺で閉ざされた西側社会との外交関係の修復に成功する。逆に日本は、それ以降十七年間にわたって今日に至るまで、外交的にも政治的にも、天然ガスを盗掘されようとも、毒餃子を送り込まれようとも、潜水艦に領海侵犯されようとも、聖火リレーでチベット支援者の日本人がシナ人留学生たちに暴行を受けようとも、あらゆる局面においてシナに屈従するという構図にはめ込まれることになった。

さらに加藤は〈保守本流〉宏池会のライバルであった河野洋平との対シナ朝貢合戦、あるいはシナの対日工作合戦のフィールドに立たされ、親中派どうしの売国レースに邁進して行った。

そして天皇のシナ御訪問があった平成四年（一九九二）一月十三日、加藤は第二の大罪を犯す。二日前の一月十一日、朝日新聞は「慰安所 軍関与示す資料 政府見解揺らぐ」と大見出しの捏造報道を行い、十三日も北畠清泰編集委員が後に捏造書と判明する『私の戦争犯罪 朝鮮人強制連行』の著者、吉田清次のインタビューを掲載した。加藤はこれらの朝日の記事に同調するように、記者会見で「軍の関与は否定できない」と述べ、一月十六日に訪韓する宮澤喜一首相の土下座外交を用意させた。宮澤首相は訪韓中、盧泰愚大統領に八回も謝罪・反省の言葉を述べることになり、慰安婦に関する資料調査を韓国に約束することになった。その約束が半年後の七月六日に加藤紘一官房長官談話となり、一年後の「河野談話」へと続いたのだ。

発端になった一月十一日の「慰安所 軍関与示す資料」という朝日の記事の「資料」とは、吉見義明が防衛研究所で発見した日本軍が慰安所や女衒《ぜげん》業者を取り締まる内容の通達に過ぎなかった。日本国内で慰安婦を斡旋する悪徳業者の誘拐まがいの行為を戒め、「軍の威信」を保つために業者の選定を厳しくせよという内容だったのだが、加藤の朝日との確信犯的な連係プレーにより、〈慰安婦強制連行〉という反日プロパガンダが形成されていくことに大きな貢献をしたのである。

現在でも大きくわが国の国益を損ねている河野談話の基になった「加藤談話」は、《慰安所の設置、慰安婦の募集に当たる者の取締り、慰安施設の築造・増強、慰安所の経営・監督、慰安所・慰安婦の衛生管理、慰安所関係者への身分証明書等の発給等につき、政府の関与があったことが認められたということである。》と、何ら問題にもならない当たり前のことを述べただけの内容だった。しかし、その後の調査で〈強制連行〉の資料が発見されなかったので、反日勢力がそれらの《政府の関与》を〈広義の強制連行〉という概念にでっち上げ、今日まで日本を他国が牽制する際の有効な情報戦争の武器となっている。

北朝鮮を利する発言を繰り返す

したがって、ここで私たちは以下のことを明確にしなければならない。それは、加藤が行ったことは明らかな国家的な犯罪であり、ライバルであることで競ってシナの国益に適う行為に邁進した河野洋平に匹敵する売国奴と呼ばれてしかるべき存在であることだ。何のことはない。中国共産党の工作機関は、加藤と河野をどれだけシナに貢献させるかを競わせていたのだ。その結果、「加藤談話」をさらに拡大させた「河野談話」が生まれたと考えられる。

その後、平成七年（一九九五）に自民党幹事長に就任すると、加藤は北朝鮮へのコメ支援を実現させて拉致問題を葬り去り、拉致被害者家族を激怒させた。平成十四年（二〇〇二）の小泉訪朝で北朝鮮が拉致を認めて謝罪した後ですら北朝鮮を利する発言を繰り返していたのだが、北朝鮮利権に関わると言われていた秘書の存在や野中弘務とのパイプも囁かれている。驚くことに、加藤は奪還した拉致被害者五人を北朝鮮に返すべきだという発言を何回も行っている。

平成二十年（二〇〇八）七月七日にも、日本BS放送の番組で「拉致被害者は北朝鮮に戻すべきだった」と発言し、金正日を「あの国では、一種、天皇陛下みたいなポジションの人物ですよね」と述べている。この発言の直後、私は家族会の記者会見に出席したが、家族会の有本明弘さんは質問もないのに加藤のこの発言に言及し、涙を泛《う》かべながら「あの男はこれまで何をやってきたのか。皆さん書いてくれ。議員を辞職するべきだ」と激しい口調で怒りを露にしたのである。

西村幸祐《にしむらこうゆう》

一九五二年、東京都生まれ。慶應義塾大学文学部哲学科中退。在学中に『三田文学』編集担当。その後音楽誌の編集、コピーライター、F1・サッカー取材等を経て、現在は歴史認識問題やメディア論をテーマに評論活動を展開。戦略情報研究所客員研究員、スカイパーフェクTV「日本文化チャンネル桜」キャスター、「表現者」編集委員、「撃論ムック」編集長。著書に『「反日」の構造』などがある。

コラム

「売国政治家」といふ言葉をとり戻さう

長谷川三千子

「売国政治家」のふるまひを「良心的」と語る国

「売国政治家」五名を選べ、と言はれて、思ひつくままに「許せない」政治家の名をあげてはみたのだけれども、なんだかどうも居心地の悪い思ひが残る。せつかく一生懸命仕事をしてゐる人達を貶《けな》すのは気の毒だ、などといふのではない。あるいはまた、名をあげるべき政治家はまだまだ十人も二十人もゐるのに、五人だけ選ぶのは難しい、といつた話でもない。いつたいこの居心地の悪さは何なのだらう、とふり返つてみて、はたと気が付いた。この「売国政治家」といふ言葉そのものが、居心地の悪さの源だつたのである。

もちろん、現に自らの国家を売るにひとしい所業を重ねてきた政治家を、その通りに「売国政治家」と呼ぶことに、何の遠慮もいらないはずである。ドロボーをドロボーと呼んでどこが悪いか。近頃の政治家は質が低くなつた、などといふ生ぬるい批判でなしに、はつきりと売国政治家は「売国政治家」と呼ばうではないか――さう言はれたら、私自身、たしかにその通り！　と拍手したくなる。

けれども、さうやつて拍手したあとで、この微妙な居心地の悪さがしのびよつてくるのである。はたして現在のわが国は、「売国政治家」といふ言葉が、言葉としてなり立ちうるやうな国家たりえてゐるだらうか――少し大袈裟に言ふならば、そんな反省がわきのぼつてきて、微妙な居心地の悪さをつくり出すのである。

もしもわが国が（世界中のほとんどの国がさうである通り）自国の利益と名誉を重んじることを第一と考へ、その上で、他国との協調も軽視は**しない**、といふ基本姿勢をもつた国であつたとしたら、そしてまた国民の大多数がそれを当然と考へる国であつたならば、その場合には、「売国政治家」といふ言葉は、文字通りの意味をもつたものとして、立派に通用することであらう。

さういふ国においてなら、たとへば、はなはだ根拠のうすい当事者の告発があるだけなのに、戦時中の自国政府が植民地の女性達に売春を強制したと認め、「お詫び」をしてしまふ政治家などといふものは、少し頭が可笑しくなつてゐるか、または多額の賄賂をもらつてゐるかのどちらかである、としか考へられないであらう。後者であれば、それは文字通りに「売国政治家」である、といふことになる。あるいはまた、かつて自国軍が敗戦のとき、降伏すると同時に武装解除を受け、敵軍に引き渡して置いてきた兵器について、その処理の費用をすべて負担しろ、などと言はれて、激怒もせず、腰をかがめて相手の意のままになる政治家がゐたら、それも端的な「売国政治家」以外のものではない。

ところが、わが国の大方の新聞もテレビも、まさにさうした「売国政治家」のふるまひが「良心的」であるかのごとくに語りつづけてきたのである。ちやうど、赤い絵の具をとかした中に赤いボールをうかべても、ほとんど輪郭が見えないのと同様、国家全体が〈売国的〉精神風土に侵されてゐるところでは、「売国政治家」の輪郭が、まるでぼやけてしまふのである。

占領者のなすがままで生き延びた半世紀あまり

しかも、あらためてふり返つてみると、これは決してたまたまこの十年、二十年だけのことではない。或る意味では、わが国が第二次世界大戦に敗れて、敵国の軍事占領を受け、それがわが国の政治の基調となつてしまつて以来、この基本構造はつづいてきたのだとも言へる。すなはち、「わが国」などといふ意識を消し去つて、ただ占領者のなすがままに従ふのが生き延びる道であつた――その時の精神態度が（相手は変つても）終始一貫つづいてきた、と考へられるのである。

『昭和精神史　戦後篇』において、著者の桶谷秀昭氏は、昭和二十二年から二十五年までの、占領下の日本人の精神過程をふり返つて、それが占領下の現実過程と、「奇妙な乖離《かいり》」のさまを見せてゐることを指摘してゐる。すなはち、日本人は占領者達のさまざまな介入や統制や圧迫に、なにかけろりとした無表情をもつて従ふのみで、それに立ち向かはうとも衝突しようともしなかつた。ただもつぱらやりすごすのみだつた、といふのである。

そのやうな根本的無関心といつたものは、その後半世紀あまりの日本の精神態度の基調をなしてきたやうに思はれる。占領の終つた直後のほんの一時期、自主憲法の制定といふことが政治家たちの口端にのぼつたこともあつたけれども、そのまま いつの間にか沙汰やみになつてしまつた。また、安倍首相の誕生のときのやうに、たまに、売国政治家でないことをはつきりと宣言するやうな政治家が出てくると、新聞やテレビは血相をかへてそれを潰さうとする。まるで、目をさますのが怖いので目ざまし時計をたたき壊さうとする酔人のごとくである。

われわれはいま、あまりにも多くの〈売国政治家と呼ぶべき人間たち〉を持つてゐるが、「売国政治家」といふ言葉そのものを、本当の意味では、持ちえてゐない。もしわれわれがこの言葉を本当に持ちえたなら、それをもつて呼ぶべき政治家の数も、もう少し減ることになるであらう。

第3部

私が断罪する売国政治家

——アンケート公開

副島隆彦

評論家・
常葉学園大学特任教授

1 小泉純一郎
2 竹中平蔵
3 菅義偉
4 甘利明
5 山本有二

私、副島隆彦は、日本の売国政治家たちは、アメリカに動かされて日本国の利益を損なうことをする悪い政治家たちだと考えています。アメリカの金融財界（ニューヨークの国際金融・石油資本・その代表がデイヴィッド・ロックフェラー、94歳）が諸悪の根源である。オバマ大統領も彼らが抜擢して承認して出来あがっている政権だと、考えています。ずっとこのように書いて来ました。日本はアメリカ合衆国の属国（トリビュータリィ・ステイト tributary state 朝貢国、藩国）であり、主要な同盟国（アライ ally）ではありますが、実態は、子分、家来の国です。この一点の大きな事実を認めなければ全ての話は始まらない。中国やロシアや北朝鮮が日本を操って、いいようにお金を奪い取っているのではない。全て米国がやっている。ですから2001年から始まった郵政民営化策動で小泉・竹中平蔵がアメリカの忠実なポチ公（手先）となって日本国民の大切な資金の奪い取りの係をやった。が、それもやがて過ぎ去って彼らも退場しつつある。小沢一郎が「第七艦隊以外は米軍は撤退してもらいたい。日本は日本人で守る」と言ったのはきわめて正しい。私は、小沢一郎と今の民主党の立場と態度を全面的に支持しています。自民党のワルの政治家たちが地検特捜を使って小沢一郎に卑劣な攻撃をかけたのではない。在日CIAと米軍の謀略部隊が仕組んだのである。アメリカ帝国（超大国）もそろそろ落ち目である。日本の売国とは、「アメリカ様への売国」なのである。この大きな事実を私たちは知るべきだ。

大原康男

國學院大學教授

1 中曽根康弘
2 河野洋平
3 加藤紘一
4 小沢一郎
5 福田康夫

各人ともさまざまな問題があるが、ここでは靖国神社問題にしぼって批判しておきたい。

1の中曽根は、三木武夫の不見識によって中断した首相による靖国神社の公式参拝を昭和60年8月15日に10年ぶりに復活したのもつかの間、いわゆる〝A級戦犯〟合祀を理由とする中国の抗議にいとも簡単に屈して以後の参拝を中止し、あくまでも国内問題にとどまるべきものを外交問題に変質させた。さらに、その失態を正当化するために〝A級戦犯〟の合祀取下げを画策し、今日に及ぶ靖国問題の深刻な混乱を生み出した元凶である。

2の河野は、平成17年6月1日、首相経験者5人を衆院議長公邸に呼び、参拝反対の意を伝えるという越権行為を犯したし、同じく媚中派である3の加藤も自民党の幹事長であった頃から一貫して〝A級戦犯〟分祀論の代表的唱導者であった。

4の小沢は、自民党時代の自治相としての答弁ではA級・BC級を問わず、〝戦犯〟を問題視しなかったにもかかわらず、民主党の代表としては霊璽簿《れいじぼ》からA級の名前を抹消することを「政権を取ったらすぐにやる」と揚言、変説はなはだしい。5の福田は、小泉内閣の官房長官だった時、中国に配慮して靖国神社に代替する新たな国立戦没者追悼施設の建設を積極的に推進した。これら5人はいずれも靖国神社の真姿を歪め、国威を損ねた点で共通する。

田久保忠衛
外交評論家・
杏林大学客員教授

1 村山富市
2 河野洋平
3 土井たか子
4 福島みずほ
5 辻元清美

外交・防衛の見地からすると、1は「深刻な反省とお詫び」を内外に明らかにしてしまった。いわゆる村山談話は中国によって日中共同宣言に趣旨が盛り込まれた。短慮が日本外交を身動きのとれぬものにした。2は宮澤内閣のときに発表した、河野官房長官談話だ。なかったはずの朝鮮人慰安婦強制連行を、韓国政府の要請であったことにしてしまった。当人は「善意」でやっただけに始末が悪い。米国をも含む外国に利されてしまった。3～5は土井、福島、辻元の3氏である。反日、反米、親共産主義国的言動が多い。拉致問題についても発言に一貫性はない。言動の拠《よ》って立つ基盤を日本に置いていない。

堀辺正史

日本武道伝骨法創始師範

1 小泉純一郎
2 村山富市
3 河野洋平
4 加藤紘一
5 土井たか子

1の小泉は市場原理が社会を発展させるという竹中平蔵の経済論のもと「保険業法」を改正（？）した。その結果は9社の中小生命保険会社が経営破綻ですべて外国資本に買収された。官から民へという耳に心地よいスローガンに訴えて郵政民営化を実現し、これまた外資による郵便局の「簡保」1兆ドル以上を買収可能にし米国金融資本への利を図り国富を失わせつつある。しかも年金改革と称して年金を削減し老後不安を創り出したばかりか生命にかかわる「医療制度改革法案」によって個人負担を増大させ自己責任という道徳を借りて「貧者は死ね」という医療を医師と病人に強制した。小泉改革とは事実として日本を米国に売った政治に外ならない。

2の村山富市は終戦50周年の8月15日東京裁判史観そのままに日本の戦争を侵略と植民地支配と断罪し世界に向かって反省とお詫びを表明した。日本の戦争が欧米によるアジア侵略への抵抗・解放の側面を持つことなど全くなかったかのように、また米国の原爆投下を犯罪とせず日本のみを犯罪国家とし謝罪外交を定着させた。

3の河野洋平は従軍慰安婦を軍の直接関与と誤認し謝罪した。

4の加藤紘一と5の土井たか子は共に中国と北朝鮮の代理人であるかの如《ごと》き発言を連発している。

西尾幹二
ドイツ文学者・電気通信大学名誉教授

1 小沢一郎
2 小泉純一郎
3 村山富市
4 河野洋平
5 中川秀直

小沢一郎は三十八年つづいた自民党単独政権をこわし細川内閣をつくった仕掛人ですが、イデオロギーの異なる旧社会党を抱きこむという禁じ手を初めて使い、自民党を割った政界再編も旧竹下派内部の私的怨念に発していたので、自民党と民主党のイデオロギー上のくっきりした対立、例えば憲法改正是非で与野党が分かれるという理想の形態にならないなど、今の政界を百年の停滞の泥沼に追いこんだ張本人です。国連を異常なくらいに信奉する国際政治オンチも疑問です。

小泉純一郎は民営化も規制緩和もケースバイケースであることが分からず、硬直した米自由主義経済の追認で、日本経済を破壊し、なんの意味もない郵政民営化でパフォーマンス選挙をやり、衆愚政治を極限にまで高めました。

村山富市と河野洋平はそれぞれ村山談話と河野談話で日本の政治だけでなく、日本民族は国際的に犯罪的な体質をもつ民族であるという取り返しのつかないレッテルを張る、まさに売国奴の名にし負う役割を果しました。どちらの談話も完全に反論され、論破されているのに解消されない国民の宿痾《しゅくあ》です。

中川秀直は一千万人移民の導入というとんでもない提案を行い、イスラム教徒の人口増と中国人の国外脱出の大波到来という現実を見ず、EU諸国の失敗の先例も考えない、日本文化と日本民族つぶしの煽動家です。

関岡英之

ノンフィクション作家

1 村山富市
2 小泉純一郎
3 小沢一郎
4 中川秀直
5 渡辺喜美

1の村山富市は①村山談話、②規制緩和小委員会の設置と年次改革要望書の開始、③対日投資会議の設置と外資規制緩和政策の開始、④そもそも内閣首班としての責任能力の欠如、以上四つの大罪により、存命する政治家としては最悪の売国政治家。

2の小泉純一郎は①皇室典範の改悪(の企図)、②構造改革による日本破壊(特に外資への迎合と医療崩壊・濫訴社会化への制度設計)、③政策決定プロセスの改悪(諮問会議政治)による議院内閣制の空洞化、④大衆迎合(劇場型政治)による政治の質の致命的劣化という四つの大罪。

3の小沢一郎は①政治制度改革(小選挙区制度の導入)で日本の政治を弱体化させた破壊屋、②細川・羽田非自民連立内閣を仕掛け米国主導の日本改造計画を設計した張本人、③権力への妄執によりリベラルに偽装したアングロサクソン流市場原理主義者。

4の中川秀直は移民一千万人受け入れ推進の確信犯。

5の渡辺喜美は①空港外資規制反対、②中国政府系ファンド大歓迎発言、③外貨準備による米国住宅金融2公社支援発言から見て安全保障理念ゼロの対外迎合派。

存命でないため番外として宮澤喜一、①今上陛下ご訪中の強行、②河野談話時の内閣首班、③クリントン政権に日米経済包括協議を拒否できず米国の内政干渉を構造化したこと、以上三つの大罪により、戦後最悪の売国政治家。

潮匡人
軍事評論家・
帝京大学准教授

1 福田康夫
2 村山富市
3 河野洋平
4 土井たか子
5 野中広務

1の福田は、小泉、安倍内閣の改憲路線を百八十度転換させた。集団的自衛権問題で、安倍内閣の有識者懇を無視したあげく、答申を黙殺した。

「お友達外交」を推進し、国益を著しく損ねた。総裁選の記者会見で靖國参拝の意向を問われ、「あなた、人の嫌がることをしますか?」と言下に否定。東シナ海の対中交渉で譲歩したあげく『「戦略的互恵関係」の包括的推進に関する日中共同声明』を発出した。北京五輪の開会式に笑顔で出席、北京政府のチベット弾圧を黙認した。

文民統制の責任を放棄した罪も重い。インド洋から帰国した海自部隊の歓迎行事を理由もなく欠席。突然、辞意を表明し、最高指揮官でありながら、自衛隊の高級幹部会同をドタキャンした。小泉内閣の官房長官としても、自衛隊イラク派遣に関する準備命令の発出を拒絶。輸送機を丸裸で派遣させた。

2の村山は、今も災禍が残る「村山談話」を閣議決定した。阪神・淡路大震災の初動対応に失敗した責任も忘れてならない。

3の河野は「従軍慰安婦」問題に関し、史実を無視した官房長官談話を発表した。親中派の中心的な政治家である。

4の土井は、北朝鮮を擁護し続け、衆議院議長として「不戦決議」の採択を強行した。

5の野中は「不戦決議」を主導した。

小谷野敦

比較文学者・作家

1 松沢成文
2 綿貫民輔
3 橋下徹
4 田中康夫
5 小宮山洋子

私は禁煙ファシズムと戦っているので、主としてこれを推し進めている政治家をあげた。神奈川県知事・松沢成文は、言うまでもなく禁煙条例を作った人であり、綿貫は禁煙推進議員連盟会長、橋下は職員の昼休みの喫煙を禁じるなどと言っており、田中は長野県知事時代に県庁を全面禁煙にした。小宮山は昔からの禁煙推進派である。神奈川県の禁煙条例は憲法違反であるから、是非とも飲食店主らは団結して松沢を提訴してもらいたい。

しかし、なぜそれが「売国」なのかと疑問に思う人もいるかもしれない。現在の世界的な禁煙運動は、ピューリタンの国・米国から広まったものであって、飲酒・喫煙などを罪と見なすキリスト教、特に北欧など新教の国が音頭をとったものだ。それに対して「世界的な潮流だから」などと言い、独自の見識を示せないところは、立派に売国的である。

あるいは、そんなことより重要なことがあるだろう、と言う人もいるかもしれない。しかし、問題なのはこうした政治家や厚生労働省が、私たちとまったく議論しようとしないことであり、五箇条の御誓文の「万機公論に決すべし」にすら反しているのだ。小さなことがらであっても主張し続けることが重要なのである。

勝谷誠彦
コラムニスト

1 森喜朗
2 河野洋平
3 野中広務
4 土井たか子
5 山崎拓

1森喜朗　国益を無視し、オノレの利権を貪る今の政権与党の中枢にあって、ここ十数年国を売り続けてきた元凶。他の分かりやすい売国奴と違って、どこの国を特別に相手というわけでもなく、利権のために国政を壟断《ろうだん》し国民を食い物にし続けていることは万死に値する。2河野洋平　支那の奴隷で江沢民のために働く「江之傭兵」。対支那奴隷外交のみならず、広島にペロシを呼んだり、真珠湾訪問を画策したり、外務大臣気取りで国を売り続ける。土井たか子といい、かかる極左を立法府の長にまつり上げるという悪しき風習はどこかで断ち切られるべき。3野中広務　政界の表面からは引退したフリをしながら、同和、北朝鮮利権の黒幕を続ける。橋下徹大阪府知事をいまひとつ信頼できないのは、擁立の時にこの野中と古賀誠が暗躍したと伝えられるから。村山内閣の時の国家公安委員長として、地下鉄サリン事件をはじめとする一連のオウム事件で不可解な動きをし、本当の意味で国を売りかけたのではないかとの疑惑は今なお残る。4土井たか子この女が過去を糾弾されずにのうのうと老後を送っていることが信じがたい。北朝鮮との関係も清算していないし、拉致犯罪では被害者からの訴えをむしろ北朝鮮に売ったとの疑惑がある。5山崎拓これもなぜ生き残っているのか不思議な売国政治家。北朝鮮の工作機関と接触を重ねるなど、現役で不可解な動きを繰り返している。そこに国士的な動機はあまり見えず、薄汚い利権だけが感じられるところが情けない。売国奴と言うのも持ち上げすぎか。

木村三浩

評論家・一水会代表

1 小泉純一郎
2 竹中平蔵
3 森喜朗
4 中曽根康弘
5 細川護熙

1小泉純一郎は、対米従属の最たる者で、新自由経済政策に始まり、イラク問題では際立ってアメリカ＝ブッシュを支持。日本がアメリカのご機嫌取りであることを世界に示した。この売国性は許せない。

2竹中平蔵は、まさしくアメリカのロビイストとして規制撤廃の仕掛け人。市場原理を優先させると言いつつ、ハゲタカファンドに日本を売り渡す輩《やから》。日本型経営システムを壊すべく、会計基準の導入を推進した。国民国家日本を解体させる売国奴。

3森喜朗は、じつはこの男が村山談話を容認し、非自民連立政権から政権を奪回するために、なりふり構わず当時の社会党と妥協した男である。国家百年の大計より目先の政権運営のため魂を売った張本人。村山に妥協して歴史に禍根を残した本物の売国奴。

4中曽根康弘は、靖国参拝を中国の内政干渉で中止した輩。憲法も改正を叫ぶが、単なるライフワークにしているだけ。大物政治家ぶっているが、決断力と真剣さがまったくない。時局便乗主義で風見鶏と称されていることは周知のとおり。保守的な論理を主張しているが、自主独立という気概がまったくなく、「日本はアメリカの不沈空母だ」などと思っている。

5細川護熙は、戦後五十年決議の仕掛け人であり、腹の据わっていない不覚悟なジャーナリスト上がりの政治家である。自由主義者であるが、東京裁判史観と戦後体制の忠実なる僕《しもべ》である。

宮城能彦
社会学者・
沖縄大学教授

1 小泉純一郎
2 竹中平蔵
3 中曽根康弘
4 河野洋平
5 加藤紘一

1位の小泉純一郎と2位の竹中平蔵は「強いものが笑えばいい」という世の中を作ってしまった。地方や教育にまで市場原理を徹底的に導入。採算が合わない部門、地域は切り捨てられるのが当然という雰囲気が日本国中に充満してしまった。確かに地方や教育に甘えがあったのは確かである。しかし、小泉改革は利権に甘えている者には結局メスを入れられず、これまで教育や医療や地方の現場で本当の意味で頑張ってきた者に無力感を与えただけであった。教育の本質を見失わせ、学校教育は支払った分の対価としてのサービスにすぎないという、行き過ぎた消費者感覚を子供たちに植え付けたのも小泉内閣であった。

一方、沖縄問題に関しても、程度の差こそあれ、これまでの首相が共通して持っていた「沖縄問題は国家としての戦後日本の本質的な問題である」という基本認識が全くない首相の登場でもあった。

3位の中曽根はやはり靖国問題を複雑にしてしまった張本人だろう。小泉と共に、靖国神社を自分のためだけに利用したようにしか思えない。4位の河野、5位の加藤ともに中国や北朝鮮に利益供与することによって国内の反日勢力を盛り上げ、巡りめぐって沖縄問題を複雑化させている。

長谷川三千子

埼玉大学教授

1 小沢一郎
2 河野洋平
3 田中眞紀子
4 野中広務
5 村山富市

実はこの順位、もつぱら一位小沢一郎、が主眼で、あとは（四人の方々には申し訳ないけれど）五十音順に並べさせていただきました。

さんざつぱら気をもたせるやうなことを言つておいて、やつぱり結局あいつはダメ男、といふのがダメ男《んず》の一つの典型なのですが、小沢一郎、アンタがその筆頭だ！——といふのが小沢一位の理由であります。

或る時期までの小沢氏は、日本の保守政治家には珍しく、米国に一矢報ひる機会を虎視眈々とうかがつてゐるかのごとき雰囲気をただよはせてゐました。或る昼食講演会で彼が国連重視の政治を説いてみせたときも、いかにもそんなニュアンスが濃厚で、質議応答の時に思ひ切つて「日本一国で米国を倒すのは難しいけれど、からめ手から……といふことですか？」と質問したところ、例のデヘヘ、といふ笑顔で、「ご想像におまかせします」といふ返答でした。それを勝手に〈彼にはソノ気があるのだナ〉などと思つてしまつたアタシが馬鹿だつた——といふことになるのでせうが……。その後の小沢氏のていたらくを見るにつけても、このダメ男に対する怒りと失望がわき上つてくるのであります。

高森明勅

神道学者・
日本文化総合研究所代表

1 中曽根康弘
2 村山富市
3 河野洋平
4 小沢一郎
5 安倍晋三

1中曽根は理不尽な外圧により戦後初めて靖国神社参拝を中断し、禍根を残した。又、現職首相として初めて自国の戦争を「侵略戦争」と公言、村山談話への流れを作る。

2村山は自衛隊敵視の政治姿勢の背後にある危機管理意識の致命的な不在により阪神・淡路大震災に適切な対処ができず、死ななくてよい多くの国民を死に至らしめた。また村山談話により後代に大きな負の遺産を残した。

3河野はリベラルの域を超えた媚中・売国的言動が多く、慰安婦問題では事実にもとづかぬ〝強制〟を認める官房長官談話を発表して問題を拡大、長期化させ、多大の国益を損なった。

4小沢は政党遍歴の末、今や旧田中派直系の古き自民党の悪しき部分と「なんでも反対」の旧社会党を合体させた55年体制の化石のごとき政治家として民主党を引き回し、国政に巨大な停滞と混乱をもたらす。

5安倍は保守理念を掲げ、いくつか具体的成果を残しつつも、政治的未熟さ故に逆に保守復興の気運を挫折させてしまった。

宮台真司

社会学者・
首都大学東京教授

1 麻生太郎
2 安倍晋三
3 小泉純一郎
4 森喜朗
5 福田康夫

順位の理由は以下の通りです。1麻生太郎。まったく国益に資することのない2ch的ヘタレ右翼。2安倍晋三。霞が関官僚いいなりのデクノボー。3小泉純一郎。対米属国のだめ押しを進めた。4森喜朗。小渕恵三急死による密室、談合による何の正当性もないインチキ総理。5福田康夫。コメントのしようがない無個性のノンポリ政治家。

以上。

高山正之
ジャーナリスト

1 中曽根康弘
2 村山富市
3 河野洋平
4 福田康夫
5 小沢一郎

中曽根康弘：北京政府が「（日本が残虐行為を働いた）アジア諸国」の名で首相の靖国神社参拝にケチをつけると意気地なく参拝をやめた。日本が外からのプロパガンダに屈した第一号。中曽根は朝鮮併合について「日本は侵略国」の宣伝を否定した文部大臣藤尾正行もクビにした。以来、閣僚が支那、朝鮮や平和憲法を批判したら即罷免という形が定着した。彼は戦後、GHQに自首しようかどうしようかと第一生命ビルの前を終日うろついた。その小心さが支那の恫喝に屈し、韓国にも膝を折る弱腰外交を生んだ。

村山富市：アジア諸国は「日本は侵略国家なり」という踏み絵を白人国家から強いられた。植民地国家はそれを諾々と呑んで生きる道を選んだが、村山は日本人でありながら、その踏み絵を喜んで踏んだ。日本を精神的に植民地国家に堕落させた無能人間。

河野洋平：金持なのにけちで、自分が創った新自由クラブには金を入れず、山口敏夫に汚いカネに手を出させた。自分で考える力がないから朝日新聞の書く通りに発言し行動する。だから支那を本気で大国と信じている。

福田康夫：人の命は地球より重いとかいってテロリストのいいなりに金を出した父を心から尊敬していて、だから「人の嫌がることをしない外交」をやった。愚かさは遺伝することを証明した。

小沢一郎：政治を利権の場と考える。外交はカネにならないから真面目には考えていない。

小林よしのり

漫画家

1 小泉純一郎
2 河野洋平
3 村山富市
4 福田康夫
5 加藤紘一

小泉純一郎は、逃げ回る靖國参拝で、やはり日本の首相は8月15日には行くのはリスクが大きいという前例を固めてしまった。一方で構造改革の名の下に、英霊の守ったクニ（郷土）の破壊を推し進め、結果、サプライサイドは全然充実されないという不況しかもたらさなかった。

河野洋平は、日本悪玉史観の強烈な信奉者であり、中・韓の国益に資する売国奴。

村山富市は、もちろん村山談話という萎縮思想で日本人を呪縛する貧乏神的売国奴。

福田康夫は、理念も目的もなく首相になって、小学生並みのアジアに媚びへつらう外交しかできなかった。

加藤紘一は、自分の家が右翼に焼かれたのをわしのせいにしていた。ふざけた野郎だ。

八木秀次

高崎経済大学教授

1 村山富市
2 河野洋平
3 野中広務
4 加藤紘一
5 土井たか子

私は今日のわが国の政治状況を作り出したのは、平成6年6月に発足した自社連立政権、すなわち村山政権であると考えている。本来対立する関係にある自民党と社会党の連立によって、社会党はマルクス＝レーニン主義の闘争の旗を降ろしたのではない。逆に自民党が社会党化したのである。村山と土井は自社連立の社会党側の立役者、河野、加藤、野中は自民党側の立役者である。

村山の大罪は他ならぬ「村山談話」を出し、内外にわが国が犯罪国家であることを表明したことである。それ以降、わが国は政治・外交・教育の領域で「村山談話」に拘束され続けている。他にも平成7年の日教組と文部省との〝歴史的和解〟によって文部省、現在の文部科学省は左傾化した。男女共同参画社会基本法の概要が固められたのもこの政権であり、自治労の影響力を拡大させるべく地方分権推進が行われたのも村山政権であった。外国人参政権に関する奇妙な最高裁判決が出たのもこの政権であり、夫婦別姓の導入などの民法改正が政治日程に乗ったのもこの政権である。

河野の大罪は「村山談話」に先立ち、宮澤政権の官房長官としていわゆる従軍慰安婦についての「河野談話」を出し、わが国を内外に性犯罪国家として表明したことである。加藤、野中は河野と同じ歴史認識を有しており、同罪である。

富岡幸一郎

文芸評論家

1 小沢一郎
2 野中広務
3 河野洋平
4 中曽根康弘
5 細川護熙

1田中政治の最悪の継承者として、日本の政治をひたすら権力奪取の「政局」政治とした国家理念なき者。2戦争世代と称して自虐史観に立ち、同和利権を自民党に内在化させた裏社会的政治屋。3「河野談話」によって大きく国益を損じながら反省ひとつせず居直り続けた反日政治家。4常にアメリカを意識して日本の自主外交にブレーキをかけた戦後レジームそのものの政治家。5政治をパフォーマンスにして逃亡した無責任な政治音痴。陶芸家となったが、白磁はともかく、青磁を焼くといつも失敗とのウワサがある。

業田良家
漫画家

1 村山富市
2 河野洋平
3 野中広務
4 小沢一郎
5 太田昭宏

1村山富市。「村山談話」は閣議決定を経て発表されたものだからこれからも我が国の政府の立場を縛り続けるのだろう。本人にとっては良心的な行為だと思っているかもしれないが、国際社会では褒められることはなく責められるだけだった。日本人を苦しめる談話で愚かな行為だ。2河野洋平。「従軍慰安婦問題」を証拠もないまま認めたのは日本人に対する裏切り行為だ。3野中広務。拉致事件や朝銀への2兆円の公的資金投入など北朝鮮への友好的な態度も問題だが、「人権擁護法案」では古賀誠とともに推進派である。「人権」を使って「言論の自由」を封じ込めるつもりだろうか。4小沢一郎。民主党代表の鳩山由紀夫もそうだが、「外国人参政権」を実現させると断言している。もしそうなったら日本人の権利は少しずつ侵犯されていくだろう。昔は国益を重視する人物だと思っていたけど、いつの間にか政権獲得のためにはなんでもする男になったようで残念だ。5太田昭宏。公明党の全議員を代表して選んだ。国会だけにとどまらず地方議会、外務省、法務省、他の官僚組織、マスコミ等、国の重要機関が支持母体の創価学会の影響力によってかなり歪められている。そのことをほとんど報じないテレビや大新聞。それが一番悲しい。

西村幸祐
ジャーナリスト

1 河野洋平
2 小沢一郎
3 鳩山由紀夫
4 村山富市
5 加藤紘一

存命中の人物に限るということで金丸信と宮澤喜一を挙げられないのが残念だ。一位の河野洋平は、長期間与党の政治家であるにもかかわらず、まるで政権中枢に潜入したウイルスのように内部から日本の弱体化を謀《はか》っているのが最大の罪だ。もちろん、河野談話を初めとする歴史カードを次々と外国に切り売りしたことが大きな理由だが、その後も中国共産党との癒着で、政商として国費を含む巨額なわが国の富を中国へ湯水のように注ぎ込んだ罪も問われねばならない。麻生内閣になってやっと「遺棄」毒ガス兵器処理のプロジェクトが見直されることになったが、あらゆる局面で財界を含む日本の各界を盲目的に支那に向かわせた責任は大きい。二位の小沢一郎は、保革癒着の〈六〇年体制〉の申し子として、政界を〈業界〉として生きている政治屋であり、権力への執着のため主義主張を転変させる。おまけにその思想は連合国（国連）中心主義という小学生並みのものだ。三位の鳩山由紀夫は、まるで小沢に魅入られたかのように過去の政治信条を変質させた。外国人参政権を認める理由に、「日本列島は日本人だけのものではない」と平然と動画サイトのインタビューで言い放ち、特定アジアに日本の主権を移譲することを公言して憚《はばか》らない。四位の村山富市は、土井たか子、田辺誠を含む旧社会党という戦後日本の宿痾を象徴する人物として、五位の加藤紘一は河野談話にからむ謀略の実行犯として挙げた。加藤はそれだけでなく、平成二〇年、拉致被害者を北へ返すべきだったと発言しているのだ。

あとがき

売国政治家について論じる新書という企画で、これだけの錚々《そうそう》たる学者や言論人に参加して頂けたのは、各人に政治家に対する已《や》むにやまれぬ思いが鬱積しているからに違いないのである。

誰もが政治家には期待している。だが最低限、国家の名誉と安全を守ってほしいという願いすら打ち砕かれるのなら、我々は激烈な言葉で批判しなければならない。「売国政治家」という最大級の汚辱の冠を被せて。

平沼赳夫や城内実などの愛国的な政治家を推す内容の本を作るべきだとのお叱りを関岡英之氏から頂いたが、彼らは確かにわしも現時点で最も評価する政治家である。

だが特定の政治家を推薦するという試みは、リベラル・サヨク系の市民団体が行ったこともある手法だと記憶している。右から左まで、様々な政治的・思想的立場の者たちが、全く違う政治家を推薦するはずなのは当然であって、極めて恣意性が高いと、一般の人々には判断されよう。

政治家を判断する基準として、まず「売国政治家」は誰かという問いかけから行うことが、今こそ必要なのだとわしは直感した。この汚名を着せられた政治家が、不名誉だと恥じたり、誤解だと憤るのならまだ救いはある。

おそらく本書でランキング入りした政治家たちは、「評論家には何とでも言える」と高を括って、「我々は現実主義だ」と居直り、無視するのがほとんどだろう。その姿を見て軽蔑する国民を一人でも増やすのがわしの目的である。

彼らの現実主義が、しょせんは妥協主義であり、理念喪失であり、果てしなき堕落の末の売国主義に過ぎないことは、本書で暴き尽された。

権力を維持するためだけに、真反対の政治勢力と野合したり、国益を毀損する敵性国家と妥協を重ねたりしながら、国家の覇権を競い合う現実の国際政治にまったく噛み合わぬ日本の政治状況を作り出している政治家たちに、我々は輿論を突きつけねばならない。

それは「輿論」であって、「世論」ではない。彼らは支持率に影響を与えかねないテレビや新聞の論調と、それによって作られた大衆の世論しか恐れていない。

「輿論」と「世論」は戦前には明確に区別されていたが、輿論は公的意見であり、世論は大衆感情である。マスコミによって操作された大衆の意見は感情なのだ。かつて「NEWS23」という番組で、「異論・反論・オブジェクション」というタイトルの企画があって、街角の大衆の意見を拾っていたが、あれがまさに世論である。

果たして世論ではなく、輿論に向き合う政治家がいるか否かが、本書によって明らかになるだろう。言葉が凶器の威力を発揮する可能性に賭けて、我々は売国政治家と戦う。

『わしズム』（小学館）の特集として発想した企画を、『戦争論』以来の盟友である幻冬舎の編集者・志儀氏が目に留め、一冊の本にした方がインパクトがあると勧めてくれたのが、この新書を作るきっかけとなった。

その際により多くの識者に声をかけ、快くアンケートに協力して頂いたことに感謝します。なおかつ数名の方々には、実に熱のある力の入った売国政治家の論評を書いて頂けた。おかげで殺気を孕んだ書物になったと思っております。深く感謝します。

平成二十一年六月二日

小林よしのり

著者略歴

小林よしのり

こばやしよしのり

昭和二十八年、福岡県生まれ。昭和五十一年、大学在学中に描いたデビュー作『東大一直線』が大ヒットする。

平成四年「ゴーマニズム宣言」の連載がスタート、「ゴー宣」本編のみならず『戦争論』『沖縄論』『靖國論』『いわゆるA級戦犯』『パール真論』といったスペシャル編も大ベストセラーとなり、つねに論壇・言論界の中心であり続ける。平成二十一年、満を持して発表した『天皇論』は即ベストセラーに。

幻冬舎新書 130

日本を貶めた10人の売国政治家

二〇〇九年七月十日　第一刷発行

編者　小林よしのり
発行人　見城　徹
編集人　志儀保博

発行所　株式会社　幻冬舎
〒一五一-〇〇五一　東京都渋谷区千駄ヶ谷四-九-七
電話　〇三-五四一一-六二一一(編集)
〇三-五四一一-六二二二(営業)
振替　〇〇一二〇-八-七六七六四三

ブックデザイン　鈴木成一デザイン室
印刷・製本所　中央精版印刷株式会社

検印廃止
万一、落丁乱丁のある場合は送料小社負担でお取替致します。小社宛にお送り下さい。本書の一部あるいは全部を無断で複写複製することは、法律で認められた場合を除き、著作権の侵害となります。定価はカバーに表示してあります。
©YOSHINORI KOBAYASHI, GENTOSHA 2009
Printed in Japan　ISBN978-4-344-98130-0 C0295
こ-10-1

幻冬舎ホームページアドレス http://www.gentosha.co.jp/
＊この本に関するご意見・ご感想をメールでお寄せいただく場合は、comment@gentosha.co.jpまで。

幻冬舎新書

宮台真司
日本の難点

すべての境界線があやふやで恣意的（デタラメ）な時代。「評価の物差し」をどう作るのか。人文知における最先端の枠組を総動員してそれに答える「宮台真司版・日本の論点」、満を持しての書き下ろし!!

平野貞夫
平成政治20年史

20年で14人もの首相が次々に入れ替わり、国民生活は悪くなる一方。国会職員、議長秘書、参院議員として、政治と政局のすべてを知る男が書き揮う、この先10年を読み解くための平成史。

村上正邦　平野貞夫　筆坂秀世
自民党はなぜ潰れないのか
激動する政治の読み方

先の参議院選挙で惨敗を喫した自民党。福田政権になって支持率は回復しているものの、「政治とカネ」問題を始めとする構造的腐敗は明らかだ。政権交代は行われるのか。政界・三浪人が検証。

村上正邦　平野貞夫　筆坂秀世
参議院なんかいらない

庶民感覚に欠け平気で嘘をつき議員特権にあぐらをかく政治家が国家の舵を握っている。参議院の腐敗が国家の死に体をもっとも象徴する今、政治がおかしい原因を、政界・三浪人が大糾弾。

幻冬舎新書

歳川隆雄
自民と民主がなくなる日
永田町2010年

天下分け目の衆院選後、党派を超えた「政界再編」は必ず起こる。今ある党はどう割れ、どう引っ付くか？　確かなインサイド情報をもとに今後の政局を大展望！

東国原英夫
知事の世界

瀕死の自治体であった宮崎県が、東国原知事の誕生で息を吹き返した。観光客、県産品の売上は増加し、県職員の士気も上がっている。知事のもつ影響力とは何か？　知事の全貌がわかる！

紺谷典子
平成経済20年史

バブルの破裂から始まった平成は、世界金融の破綻で20年目の幕を下ろす。この20年間を振り返り、日本が墜落した最悪の歴史とそのただ1つの原因を解き明かし、復活へ一縷の望みをつなぐ稀有な書。

島田裕巳
平成宗教20年史

平成はオウム騒動ではじまる。そして平成7年の地下鉄サリン。一方5年、公明党（＝創価学会）が連立政権参加、11年以後、長期与党に。新宗教やスピリチュアルに沸く平成の宗教観をあぶり出す。

幻冬舎新書

島田裕巳
日本の10大新宗教

創価学会だけではない日本の新宗教。が、そもそもいつどう成立したか。代表的教団の教祖誕生から社会問題化した事件までを繙きながら、日本人の精神と宗教観を浮かび上がらせた画期的な書。

佐伯啓思
自由と民主主義をもうやめる

日本が直面する危機は、自由と民主主義を至上価値とする進歩主義＝アメリカニズムの帰結だ。食い止めるには封印されてきた日本的価値を取り戻すしかない。真の保守思想家が語る日本の針路。

東谷暁
世界と日本経済30のデタラメ

「日本はもっと構造改革を進めるべき」「不況対策に公共投資は効かない」「増税は必要ない」等、メディアで罷り通るデタラメを緻密なデータ分析で徹底論破。真実を知ることなくして日本の再生はない！

浅羽通明
右翼と左翼

右翼も左翼もない時代。だが、依然「右―左」のレッテルは貼られる。右とは何か？　左とは？　その定義、世界史的誕生から日本の「右―左」の特殊性、現代の問題点までを解明した画期的な一冊。

幻冬舎新書

荒岱介
新左翼とは何だったのか

なぜ社会変革の理想に燃えた若者たちが、最終的に「内ゲバ」で百人をこえる仲間を殺すことになったのか?! 常に第一線の現場にいた者のみにしか書けない真実が明かされる。

若林亜紀
公務員の異常な世界
給料・手当・官舎・休暇

地方公務員の厚遇は異常だ。地方独自の特殊手当と福利厚生で地元住民との給与格差は開くばかり。みどりのおばさんに年収800万円支払う自治体もある。彼らの人件費で国が破綻する前に公務員を弾劾せよ！

上杉隆
ジャーナリズム崩壊

日本の新聞・テレビの記者たちが世界中で笑われている。その象徴が「記者クラブ」だ。メモを互いに見せ合い同じ記事を書く「メモ合わせ」等、呆れた実態を明らかにする、亡国のメディア論。

小谷野敦
日本の歴代権力者

聖徳太子から森喜朗まで国家を牽引した一二六名が勢揃い!! その顔ぶれを並べてみれば日本の歴史が一望できる。〈真の権力者はNo.1を陰で操る〉独特の権力構造も明らかに。

幻冬舎新書

渡辺将人
オバマのアメリカ
大統領選挙と超大国のゆくえ

なぜオバマだったのか。弱冠47歳ハワイ生まれのアフリカ系が、ベテランを押さえて大統領になった。選挙にこそ、アメリカの〈今〉が現れる。気鋭の若手研究者が浮き彫りにする超大国の内実。

小谷野敦
日本の有名一族
近代エスタブリッシュメントの系図集

家系図マニアで有名人好き、名声にただならぬ執着をもつ著者による近代スター一族の系譜。政治経済、文学、古典芸能各界の親戚関係が早わかり。絢爛豪華な67家の血筋をたどれば、近代の日本が見えてくる!!

森功
血税空港
本日も遠く高く不便な空の便

頭打ちの国内線中心の羽田空港。米航空会社に占められ新規参入枠がない成田空港。全国津々浦々99の空港のほとんどが火の車で、毎年5000億円の税金が垂れ流し。そんな航空行政を緊急告発。

古田隆彦
日本人はどこまで減るか
人口減少社会のパラダイム・シフト

二〇〇四年の一億二七八〇万人をもって日本の人口はピークを迎え〇五年から減少し続ける。四二年には一億人を割り、百年後には三分の一に。これは危機なのか？未来を大胆に予測した文明論。